«PANDORA»

SISSI

Basato sulla sceneggiatura originale della serie *Sissi*,
un romanzo scritto da Roberta Marasco

Sperling & Kupfer

Pubblicato per

Sperling & Kupfer

da Mondadori Libri S.p.A.

SISSI

ISBN 978-88-200-7351-0

I Edizione gennaio 2022

Anno 2022-2023-2024 - Edizione 1 2 3 4 5 6 7 8 9 10

Capitolo 1

Castello di Possenhofen, Baviera, 1853

FRA i suoni che riempivano l'aria attorno al castello, il chiocciare delle galline, il fruscio del vento che invitava le cime degli alberi all'inchino, il gorgogliare nell'ampia fontana circolare che impreziosiva l'ingresso, ce n'era uno soprattutto che accelerava il cuore della duchessa Elisabeth: il nitrito di un cavallo l'attimo prima che venisse domato. C'era qualcosa, nel modo in cui il verso dell'animale si sollevava verso il cielo reclamando libertà e sprigionando energia, che la faceva sentire viva. Pericolosamente e meravigliosamente viva.

Il castello di Possenhofen, di proprietà del duca Maximilian di Baviera, da quando l'aveva acquistato nel 1834, era la residenza in cui la famiglia si trasferiva nei mesi estivi, abbandonando il palazzo di Monaco. Si trattava di un edificio con pochi sfarzi, sulla riva del lago di Starnberg, dov'era facile ritrovare il contatto con la natura e dimenticare la corte bavarese, presso la quale del resto il ramo cadetto dei Wittelsbach, a cui apparteneva il duca, non aveva funzioni ufficiali.

La giovane Sissi, com'era conosciuta Elisabeth, amava

ogni minuto trascorso al castello. Quando non era occupata a correre nei prati, a pescare, a nuotare insieme ai suoi cani nello specchio d'acqua del lago o a passeggiare scalza sulla riva, godendosi la sensazione della sabbia sotto i piedi, si perdeva in lunghe cavalcate fra le montagne. Se proprio doveva restare ferma, allora dava sfogo ad altre inquietudini come quelle del cuore, sul piccolo quaderno verde foresta a cui affidava le proprie poesie. Le ultime che aveva scritto avevano tutte per protagonista il conte Richard, i suoi ricci neri, gli occhi scuri dallo sguardo penetrante e indeciso assieme. Se solo non fosse stato un semplice conte, pensava a volte con rammarico, forse amarlo sarebbe stato meno frustrante e doloroso.

Dopo tante ore passate a scrivere di lui, quel pomeriggio Sissi poteva finalmente ammirare il suo viso. Seduta sulle scale davanti al castello, lo osservava commentare gli esemplari che aveva appena portato al castello insieme al duca Maximilian.

«Entrambi i cavalli sono alti un metro e settanta», spiegava il conte in tono orgoglioso. «Il padre è un purosangue inglese. La madre è una Trakehner.»

I due uomini osservavano l'animale che galoppava in circolo sul prato e quando lo sguardo del duca si allontanò per seguirne la traiettoria, Richard ne approfittò per voltarsi verso di lei e scambiare un sorriso furtivo. Fu allora che Sissi si ricordò di quel che era avvenuto al mattino e un calore improvviso le affiorò alle guance. Rivide il sorriso malizioso e stupito della sorella maggiore, quando era entrata nella sua stanza senza bussare e l'aveva sorpresa con la mano sotto le coperte, un attimo prima di arrivare al piacere. Poco più tardi, mentre erano riuniti attorno al tavolo per il pranzo, Helene aveva insistito per sapere a chi stesse pensando in quel momento. Sissi non aveva potuto fare a meno di lanciare un'occhiata al conte, seduto a poca distanza da lei, intento a diliscare la trota pescata dal padre e a discutere delle doti di salto del morello prussiano del duca. Al pensiero, il sole del pomeriggio bavarese divenne improvvisamente più scottante.

«Proviamoli», esclamò il duca Maximilian e indicò gli animali con un cenno. «Vediamo se valgono. Heinrich!»

Sissi si riscosse di colpo. «Me ne occupo io!» esclamò. Si alzò di scatto e corse verso il cavallo, sollevando l'ampia gonna sulle gambe nude.

«Vostra Altezza?» gridò il conte Richard, allarmato. «Non so se è una buona idea.»

Sissi però aveva già raggiunto l'animale, si era aggrappata alla sella senza aspettare che si fermasse ed era saltata in groppa.

«Mia figlia fa sempre quello che vuole», commentò il padre, in tono rassegnato e orgoglioso insieme, senza staccare gli occhi da lei.

Sotto lo sguardo timoroso dei due uomini, Sissi cavalcò con un sorriso raggiante per qualche minuto, poi lasciò andare le briglie e si alzò in piedi. Spalancò le braccia, come se volasse, e si godette l'aria sferzante sul viso e quella sensazione di libertà e pericolo, finché un piede non scivolò sulla sella e lei perse l'equilibrio e cadde malamente a terra.

«Duchessa!» esclamò il conte Richard, correndo verso di lei. «Vi siete fatta male?» chiese mentre la aiutava a rialzarsi. «Venite a sedervi.»

Sissi si limitò a spolverare l'abito con le mani. «Non è niente», rispose con un sorriso e tornò verso l'animale.

«Sissi?» la chiamò il padre, in tono ammonitore.

«Riproviamoci», rispose lei e un attimo dopo fu di nuovo in sella.

«Se si rompe l'osso del collo», borbottò il duca Maximilian al conte Richard, con un sospiro rassegnato, «dite a mia moglie che non ero d'accordo.»

Sissi era di nuovo in piedi sull'animale in corsa, in equilibrio perfetto questa volta, le braccia spalancate, gli occhi che ridevano e i lunghissimi capelli castani che sussultavano sulle spalle nude. I colpi degli zoccoli sul terreno le vibravano dentro allo stesso ritmo del cuore. Era come se fossero diventati una cosa sola, un unico essere vivente che correva verso la libertà. Se la ragazza avesse dovuto definire la felicità, sarebbe stata la sensazione esatta che provava in quel momento.

«Il vostro cavallo è magnifico», disse poco dopo al conte Richard, che la osservava ancora sbalordito.

«Grazie», rispose lui, con la voce arrochita dall'imbarazzo.

Sissi lo fissò negli occhi. «Sarei molto felice se poteste rimanere con noi a cena», gli sussurrò. E prima che avesse il tempo di rispondere, lo baciò delicatamente sulle labbra.

Un colpetto di tosse li costrinse entrambi a voltarsi e videro il duca che si avvicinava. Richard era paonazzo e non sapeva più dove posare lo sguardo.

«Ho chiesto al conte di rimanere fino a domani», spiegò subito la ragazza, senza neanche provare a nascondere la felicità. «Ti prego, papà», aggiunse davanti alla sua espressione scettica.

Il duca aggrottò la fronte. Odiava dirle di no e soffocare la felicità di quella figlia un po' selvaggia che gli assomigliava tanto, che come lui non badava all'etichetta di corte, lo accompagnava a caccia o a suonare la cetra nelle osterie di paese, invece di preferire i salotti dell'aristocrazia. Ma c'erano momenti in cui non poteva evitarlo. Sospirò. «Non è a me che devi chiederlo, Sissi», disse e capirono entrambi chi avrebbe deciso della sorte di quell'invito.

«La mia risposta è chiara: no.»

Sissi lanciò alla madre un'occhiata sconfortata. «Non sai nemmeno che cosa volevo chiederti.»

La duchessa Ludovika di Baviera si voltò verso la figlia. «Lo scorderai di nuovo tra quattro settimane.»

«Non è vero», esclamò Sissi. «Io...»

«Non è abbastanza titolato», la interruppe la madre con decisione.

Ludovika aveva cresciuto da sola gli otto figli, cosa alquanto insolita fra le persone del suo rango. Non era stato facile, ma era fiera di loro e aveva progetti precisi per ciascuno. Avrebbe fatto tutto il possibile per non condannarli a un matrimonio infelice come il suo. E la felicità dei matrimoni, nel suo vocabolario, non si misurava in palpitazioni, ma in titoli nobiliari. «E questo pone fine all'argomento.»

«Come papà, giusto?»

La duchessa si bloccò ed esitò per qualche istante. La luce del pomeriggio che entrava nel salottino ammorbidiva i contorni del suo viso, risvegliando la bellezza di un tempo. La stessa bellezza straordinaria che avevano ereditato le figlie. Sul viso di Ludovika, però, era spenta da una patina di rassegnazione e malinconia, in cui si intravedevano le braci di un amore impossibile soffocato sul nascere.

«Conserva le tue energie per prepararti al viaggio, piuttosto», disse alla figlia con voce ferma. «Andiamo a Ischl. La prossima settimana.»

«Che cosa devo fare a Ischl?»

«Tua sorella si fidanzerà con il Kaiser.»

«Cosa?» chiese Sissi, incredula.

«Néné diventerà l'Imperatrice d'Austria», ripeté la madre, con un sorriso orgoglioso, usando il diminutivo affettuoso usato in famiglia per Helene. «Perciò non posso accettare che al tuo fianco ci sia un semplice conte.»

Capitolo 2

Arad, Ungheria

FRANZ Joseph d'Asburgo avanzava a cavallo facendosi largo nella calca dei ribelli, affiancato dal conte Karl Grünne, suo aiutante di campo nonché fedele amico. Nel tumulto che lo circondava, la sua espressione era fredda e impassibile. Le emozioni, la madre Sophie gliel'aveva insegnato sin da piccolo, erano segno di debolezza, una debolezza che all'uomo più potente d'Europa non era concessa.

Incoronato Imperatore d'Austria a soli diciotto anni, il 2 dicembre del 1848, dopo l'abdicazione dello zio Ferdinand I e la rinuncia del padre, Franz Karl Joseph d'Asburgo era consapevole di essere salito al trono nell'anno peggiore possibile per l'impero. L'anno in cui la fiamma della rivoluzione era corsa per l'Europa e in cui le aspirazioni nazionaliste avevano fatto tremare le corone e infiammato gli animi del popolo. Il Kaiser era riuscito a reprimere la rivolta ungherese grazie all'aiuto della Russia, ma non a domare lo spirito dei ribelli, e gli uomini che si accalcavano attorno a lui, tenuti a bada dalle guardie, lo dimostravano.

«Abbasso il Kaiser!»

«Ungheria libera!»

Le urla si levavano nell'aria della campagna ungherese, insieme ai gemiti di chi aveva osato avvicinarsi troppo ed era stato respinto con la forza.

Il corteo, aperto dalle casacche marroni impolverate dei condannati a morte, arrivò infine sul luogo dell'esecuzione e le urla raddoppiarono di volume. Erano accorsi in molti, uomini, donne e bambini. Qualcuno era lì per assecondare una curiosità morbosa, qualcun altro per essere testimone del momento, ma la maggior parte dei presenti si era radunata per rendere l'ultimo omaggio ai propri patrioti e fissava con odio il seguito imperiale. Franz li osservava immobile dall'alto del suo cavallo.

Un uomo dai capelli bianchi si lanciò verso il corteo, urlando e agitando la bandiera dell'Ungheria. Non ebbe il tempo di arrivare molto lontano. Fu colpito con violenza dal calcio del fucile delle guardie, e la bandiera che sventolava finì nel fango, calpestata dagli zoccoli dei cavalli.

«Gli ungheresi hanno combattuto da leoni», commentò il conte Grünne.

«Tutto questo per un parlamento», rispose Franz sprezzante.

«Non potreste concedergliene uno?»

«E perché dovrei? Hanno già un Kaiser.»

Il patibolo era già stato costruito, una sinistra pedana in legno su cui oscillava il cappio, in attesa. I tamburi rullavano lenti, scandendo il ritmo della punizione imperiale. A uno a uno, i ribelli vennero giustiziati. Quando le guardie spinsero avanti un prigioniero robusto, dalle spalle larghe, un gemito femminile ruppe l'aria e una donna si fece strada nella calca. Dietro di lei, un uomo dai capelli lunghi e scuri, con una folta barba, stringeva a sé un bambino spaventato.

«No, no! Vi prego, graziatelo!» urlò la giovane, in lacrime, i ricci trattenuti a stento da un fazzoletto. «Lui no, ha un figlio, ha un figlio! Suo figlio è qui!» Le guardie le sbarrarono il passo, ma lei continuò la sua supplica. «Ha un figlio! Non è giusto! Fatelo per il bambino, vi prego!»

«Maestà?» chiese il boia. La donna e l'intera calca si voltarono verso l'imperatore.

«Vi prego. Graziatelo, vi prego!» mormorò lei.

Per un attimo nella piccola piazza calò il silenzio. Gli occhi di tutti erano fissi su Franz Joseph, in attesa.

Impassibile, lui abbassò appena la testa, condannandolo a morte.

Alla donna sfuggì un gemito e si aggrappò alla spalla della guardia, cercando di avvicinarsi.

«Morte all'usurpatore!» gridò il condannato prima di salire sul patibolo. «Ungheria libera!»

La giovane a quel punto lanciò un urlo disperato, che sembrava voler strappare in due il cielo. L'uomo con la barba aveva gli occhi lucidi e prese in braccio il bambino, stringendoselo al petto. I tamburi continuavano a battere lenti.

A un cenno della mano dell'imperatore, la botola sotto il condannato si spalancò e il cappio si strinse attorno al collo.

Fra i gemiti inorriditi della folla, la donna prese qualche respiro affannato, poi si avvicinò all'imperatore. Le guardie la bloccarono, ma gli occhi verdi erano fissi su di lui, come se a separarli fossero solo pochi centimetri, non molti metri. Con una voce roca e gutturale, lanciò nell'aria alcune parole rabbiose che gelarono il sangue ai presenti. Parlò con calma, questa volta, scandì le parole lentamente, consegnandole al cielo. E quando ebbe finito, fissò ancora per qualche secondo gli occhi azzurri dell'imperatore e sputò a terra, mentre il sole veniva improvvisamente oscurato dalle nuvole.

«Vostra Maestà, l'ultima guarnigione ungherese si è arresa all'esercito russo», annunciò Grünne poco più tardi, riunito insieme al Kaiser e agli altri ufficiali davanti a una grande mappa militare. «Il sostegno dello Zar è anche un messaggio per Napoleone.»

Franz non reagì subito. Quando si voltò verso l'amico aveva uno sguardo assente, turbato. Grünne fece uscire gli altri uomini dalla stanza.

«Che cosa ha detto quella donna?» chiese al Kaiser, una volta rimasti soli.

«Qualcosa su cielo e inferno che mi negheranno la felicità», rispose l'imperatore, con uno sguardo terrorizzato. «La mia vita sarà votata alla distruzione, e coloro che amo faranno una fine orrenda.» All'improvviso scoppiò in una risata fredda, i baffi sottili che vibravano nervosi. Poi mosse con violenza uno dei soldatini in miniatura disposti sopra la mappa. «La rivolta ungherese è annientata: questo è il messaggio per Napoleone. E ora andiamocene a casa.»

Capitolo 3

Castello di Possenhofen, Baviera

HELENE piroettò davanti allo specchio e si godette la sensazione del morbido tessuto dell'abito che le si sollevava attorno. Si fermò e si guardò soddisfatta. Era tutta la vita che si preparava per quel momento, ogni volta che la madre esigeva da lei più compostezza e più eleganza di quanta ne pretendesse dalle sorelle, e insisteva perché apprendesse a comportarsi come una dama degna del suo titolo. Non aveva goduto della stessa libertà di Elisabeth, per temperamento e per senso del dovere, non aveva condiviso i suoi divertimenti sfrenati e le arrampicate o le cavalcate in montagna, ma adesso era pronta.

«Un ottimo lavoro», commentò la duchessa Ludovika. «Potete vedere se la mia seconda figlia si è vestita?» chiese a uno dei domestici. Si spostò alle spalle della ragazza, per chiudere il fermaglio della collana che le avrebbe impreziosito la scollatura.

«Quest'abito l'ho indossato per il mio fidanzamento», riprese Ludovika. «Spero che a te porti maggior fortuna.»

«Mamma...» sospirò Helene, dispiaciuta. «Papà è un brav'uomo.»

La madre non rispose. Abbassò gli occhi e sistemò una

piega invisibile sulla gonna dell'abito. In quel momento Sissi entrò a passo deciso, e la madre e la sorella la guardarono sbalordite.

«E quello cos'è?» volle sapere Ludovika, squadrando da capo a piedi l'abito che indossava. Era magnifico e le metteva in risalto la vita sottile, ma era completamente nero.

«Sono in lutto per il mio amore», rispose Sissi, con un sorriso.

«Vai a toglierti subito quel vestito.»

«Perché?»

«Nero!» sbottò la duchessa. «Per il compleanno del Kaiser?»

Sissi rubò il posto alla sorella davanti allo specchio e ammirò la propria figura snella. «Io lo trovo perfetto», dichiarò.

«Quell'abito rimane qui.»

La giovane si voltò di scatto verso la madre. «Allora rimango qui anch'io.»

«Sissi, ti prego», intervenne Helene, a bassa voce. «Il fidanzamento non è ancora ufficiale, daremmo troppo nell'occhio viaggiando da sole.»

«Perché, non verrà con papà?» chiese la ragazza. Poi capì. Lanciò un'occhiata accusatoria alla madre e lesse la risposta che cercava nella sua espressione colpevole. «Nemmeno gliel'avete detto. Ecco perché mi volete. Se sono obbligata, verrò in nero», aggiunse, davanti al silenzio di Ludovika. «Non avresti dovuto cacciare di casa il conte Richard.»

E uscì dalla stanza.

«È inconcepibile, è assurdo!» Una voce adirata risuonò nelle stanze buie del castello. I lunghi corridoi labirintici erano immersi nel silenzio della sera e la luna tingeva le antiche pareti di una luce azzurrina.

Nella veste da notte bianca, Sissi scese rapida le scale, a passo leggero. Seguì il suono delle voci fino a una porta socchiusa, incorniciata da uno spicchio di luce dorata.

«Fra tutti i regnanti che ci sono sulla Terra, tu sei andata a scegliere quello. L'imperatore del regno più malato!» tuonò il padre.

«Max, Franz è l'Imperatore d'Austria», protestò la madre, in tono più basso e supplichevole.

«È un povero disgraziato! Tormentato dalla paura che Napoleone III o uno degli altri regni lo invada, nient'altro. E credimi, è esattamente quello che succederà.»

«È da tutta la vita che si sta preparando per questo compito. Cosa vuoi capirne tu di politica?»

«Non vedi cosa accade dappertutto?» ribatté il duca Maximilian, esasperato. «La gente vuole la libertà, non vuole un Kaiser.»

Sissi era così intenta a origliare, che non si accorse che qualcuno l'aveva raggiunta e sussultò spaventata quando si voltò e si trovò accanto la sorella maggiore, anche lei in veste da notte. Helene si portò un dito alle labbra, intimandole il silenzio, e ripresero ad ascoltare insieme.

«La cieca violenza non può preservare ciò che è destinato alla rovina», proseguì il padre. «Un destino che non desidero per mia figlia.»

Un rumore di passi le costrinse a scappare via, per rifugiarsi dietro un'altra parete, un attimo prima che il genitore uscisse infuriato, seguito dalla madre.

«Comunque ho già deciso», annunciò Ludovika al marito.

«Che cosa?»

«Un tal genere di partito io non osavo neanche sognarlo!»

Il duca Maximilian la guardò a lungo e in quello sguardo c'era tutto il risentimento accumulato negli anni di un'unione gelida e ostile. Lei, che era figlia del re di Baviera, Maximilian I, non gli aveva mai perdonato quel matrimonio modesto, unica delle sue sorelle. Lui non le aveva mai perdonato di non essere la donna che amava. Sapevano entrambi che la proposta dell'ambiziosa arciduchessa Sophie, sorella maggiore di Ludovika e madre del Kaiser, avrebbe cambiato per sempre la vita della loro famiglia.

«Non stento a crederci», disse, fissandola. «Tu hai avuto solo me, un semplice duca!» E se ne andò, accompagnato dai rintocchi lontani di una campana.

Le due figlie, rintanate in un angolo nel chiarore azzurrino della luna, si scambiarono un'occhiata preoccupata.

Capitolo 4

Ischl, residenza estiva del Kaiser

Il viaggio in carrozza fino a Ischl sembrava non finire mai. Per tutte tranne che per Helene, che era così in ansia per l'incontro con l'imperatore da non accorgersi del trascorrere del tempo, dei sussulti della carrozza sulle strade accidentate o delle maestose montagne austriache che vegliavano sul loro passaggio.

Non appena si fermarono davanti alla villa imperiale, abbracciata dalle morbide distese verdi del parco e ingioiellata dai riflessi argentati delle acque del fiume, Sissi spalancò la portiera e saltò giù, senza aspettare l'arrivo del valletto. Con tutta l'innocenza e la freschezza dei suoi quindici anni, osservò divertita i domestici schierati ad accoglierle e si stiracchiò la schiena.

«Sissi», sibilò la madre, alle sue spalle. «Aspetta! Non sai attendere che ci venga aperto?»

«Avevo il sedere indolenzito», rispose lei.

«Ci sono cose più importanti del tuo sedere, Sissi.»

Quando tutte e tre furono scese e si furono disposte in fila, in attesa, dall'ingresso della villa uscì il Kaiser, che porgeva il braccio alla madre, l'arciduchessa Sophie. E Sissi, per una volta, rimase senza parole. L'uniforme militare metteva in risalto il fisico atletico dell'imperatore e il suo portamento spavaldo. C'era qualcosa, nel passo sicuro e arrogante con cui si dirigeva verso di loro, che le ricordò l'energia dei suoi cavalli, il modo in cui fremevano inquieti sotto di lei, quando li cavalcava. Anche il viso era bellissimo, angoloso e duro, ma con una tenerezza negli occhi azzurri appena accennata e subito negata, che lo rendeva ancora più intrigante.

«Sissi!» sussurrò Helene.

Era così rapita che si era scordata di inchinarsi, come avevano già fatto la madre e la sorella.

Non rialzò lo sguardo, come voleva l'etichetta di corte, finché il Kaiser non l'ebbe raggiunta e non le ebbe baciato la mano.

«Siete più bella di quanto si racconti a Vienna», disse Franz Joseph. Poi lanciò un'occhiata al suo abito e si accigliò. «Il nero è per qualche disgrazia?»

«Sono in lutto per il mio amore, Vostra Maestà», rispose Sissi.

L'imperatore accennò un sorriso. «Mi dispiace. Zia Ludovika», proseguì, «sono felice che siate venuta al mio compleanno. Duchessa Elisabeth.» Concluse e prese la mano della sorella maggiore di Sissi.

«Lei è la duchessa Helene», lo corresse con voce tagliente la madre, l'arciduchessa Sophie, ferma alle sue spalle. L'espressione leggermente irritata negli occhi scuri rendeva ancora più duro il viso elegante e severo. Indossava un magnifico abito di raso bianco e celeste, ma era la fierezza dello sguardo, più di ogni altra cosa, a parlare del suo rango.

Franz Joseph esitò, confuso. Poi tornò a guardare Sissi. «E voi siete?»

«Sissi», esclamò Ludovika, e la voce le tremò per il nervosismo. Per quanto volesse bene all'arciduchessa e fosse lieta di rivederla, non poteva fare a meno di sentire il peso del suo giudizio. Era consapevole di essere la meno realizzata delle sorelle e sapeva che cosa si mormorava di lei e del suo matrimonio sfortunato alla corte di Monaco. Sophie per lei era sempre stata un modello inarrivabile, un termine di paragone impossibile, destinato a rivelarle ogni volta la propria inadeguatezza. «La duchessa Elisabeth», si corresse. «È molto che non la vedete.»

Poi Ludovika si spostò per andare a salutare l'arciduchessa ed Helene la seguì, non prima di avere lanciato uno sguardo di rimprovero alla sorella minore.

Nessuno di loro si accorse che c'era un'altra persona che seguiva la scena. Un tizio alto, dai capelli e la barba scuri, che fissava la nobiltà riunita con uno sguardo tormentato, carico di rabbia. Lo stesso uomo che aveva stretto fra le braccia il figlio di uno dei capi della rivolta ungherese, mentre il padre veniva impiccato davanti ai suoi occhi per ordine dell'Imperatore d'Austria.

L'atmosfera attorno al tavolo del tè, poche ore più tardi, non era delle più spensierate. Le note del pianoforte che veniva suonato in un angolo erano le uniche allegre, nel salone sontuoso della residenza imperiale. Franz beveva in silenzio, il viso contratto in un'espressione rigida e tesa. Helene, più bella che mai, si limitava a pochi gesti aggraziati, per non essere tradita dal nervosismo. Sissi, che continuava a indossare l'abito nero, era corrucciata. Poco prima, mentre si preparavano, la sorella l'aveva accusata di avere sabotato di proposito l'incontro con l'imperatore. «L'hai fatto apposta, ne sono certa», aveva esclamato Helene. «L'ho visto, sai, che ti piace. Quegli occhi non li hai mai fatti per il povero Richard.»

Sissi aveva provato a negare, con ben poca convinzione. La madre, tanto per cambiare, si era schierata dalla parte della sorella. Aveva addirittura mandato via la cameriera che acconciava i capelli di Sissi, costringendola a pensarci da sé. Compito che non era certo toccato a Helene, che aveva potuto contare sull'aiuto della domestica e su quello di Ludovika. «Sarai l'imperatrice più graziosa che l'Austria abbia mai conosciuto», aveva assicurato la duchessa alla figlia maggiore, mentre lo stomaco di Elisabeth si torceva per la gelosia.

In quel momento, guardando la sorella seduta accanto a sé, Sissi non poteva dare torto alla madre. Helene era davvero perfetta per quel ruolo. Forse avrebbe dovuto mostrarsi più solidale nei suoi confronti e ricordarsi che per lei era un momento esaltante ma difficile e che c'era da aspettarsi che reagisse male ogni tanto, fra l'ansia e i nervi. Sissi si ripromise di essere più gentile con Néné, e avrebbe cominciato anche subito, se solo non si fosse sentita addosso cento occhi che la scrutavano e la esaminavano. Da quando aveva messo piede nella villa imperiale aveva l'impressione di essere giudicata costantemente. Perfino portarsi il tè alle labbra all'improvviso le sembrava una faccenda terribilmente complicata. Sollevò la tazza con delicatezza e stava per bere un sorso, quando la sorella allungò il braccio sul tavolo per prendere qualcosa e la urtò, versandole addosso il liquido caldo.

«Oh, mi dispiace tanto», esclamò subito Helene. «Perdonatela, Maestà, la mia sorellina è un po' maldestra, talvolta.»

Sissi la fulminò con lo sguardo. Era più che certa

che l'avesse fatto di proposito, per sottolineare la sua inadeguatezza.

«Vi state divertendo?» L'arciduchessa Sophie comparve sulla soglia.

«Sì, Vostra Maestà», rispose subito Helene.

«Come sapete, era oltremodo importante per me, prima dell'ufficiale celebrazione per Sua Maestà, godere di questo tè in famiglia con voi», spiegò Sophie, mentre prendeva posto accanto a Ludovika. «È risaputo da tutti gli ospiti invitati a questo compleanno che Franz Joseph intende sposarsi. L'Austria ha bisogno di un'imperatrice forte e di un erede al trono», concluse guardando Helene, che arrossì appena e accennò un timido sorriso.

L'arciduchessa la fissò per qualche istante, come per soppesarla. «Quali lingue conoscete, cara?»

«Inglese e francese», rispose pronta Helene.

«Ballate il cotillon?»

«Sì, Vostra Maestà.»

«Eccellente.» L'arciduchessa sembrava compiaciuta ed Helene si rilassò appena. «E voi, Elisabeth?» chiese poi Sophie, spostando lo sguardo sulla sorella minore, con grande sorpresa di tutti. L'arciduchessa conosceva troppo bene suo figlio per non avere notato la sua reazione davanti alla giovane cugina. Franz si era illuminato di una luce nuova e il suo viso, sempre gravato dagli affanni e dalle preoccupazioni, per un attimo si era disteso. Anche in quel momento, a tavola, ogni volta che spostava lo sguardo stanco nella sua direzione gli occhi azzurri brillavano impercettibilmente.

Sissi però aveva scelto proprio quel momento per dare un bel morso a un dolcetto e non poteva rispondere con la bocca piena. Si affrettò a masticare, imbarazzata.

L'imperatore sembrava aver ritrovato improvvisamente l'interesse per la conversazione e fissava Sissi con uno sguardo curioso e divertito.

«Scusate», disse la ragazza, con un colpetto di tosse. «Parlo inglese, francese e un po' di ungherese. E naturalmente amo danzare», proseguì, animandosi. «E ogni attività fisica: cavalcare, la ginnastica, le escursioni...»

«Il movimento è importante», la interruppe Sophie, «ma non avete qualche altro interesse?»

Sissi stava per rispondere, quando Helene la precedette. «Mia sorella ama la poesia», disse e poi proseguì, nonostante l'espressione allarmata sul viso di Elisabeth. «Spesso compone poesie lei stessa. Perché non ci reciti qualcuno dei tuoi versi?»

«Sì», esclamò subito Sophie.

«No», mormorò Sissi, a disagio, «a memoria non me li ricordo.»

«Allora leggili ad alta voce», la incalzò la sorella, prima di allungare la mano dietro di sé sulla sedia.

Sissi non riusciva a crederci, quando vide che cosa le tendeva. Era il suo quaderno verde foresta, quello su cui appuntava i propri versi quando la coglieva l'ispirazione o quando sentiva il bisogno di affidare alla carta le proprie emozioni. Era sicura di averlo lasciato sul letto, prima di spostarsi alla toeletta per acconciarsi i capelli. La sorella doveva averlo preso prima di uscire dalla stanza.

Glielo strappò di mano e lo nascose sotto il tavolo. «No, preferirei di no», disse, in un tono più brusco di quanto sperasse.

Per la prima volta da quando si erano seduti, Franz prese la parola. «Li ascolterei volentieri», disse, fissandola interessato.

L'arciduchessa schioccò le dita a un valletto, che raggiunse il pianista e un attimo dopo la musica cessò.

«Prego», disse l'imperatore.

Dopo un lungo istante di esitazione, Sissi si alzò in piedi, sfogliò il quaderno e si fermò su una delle ultime pagine.

«Tu, fresco e verde amore», iniziò a leggere, «fiorito come un maggio, or che opprime ormai l'autunno io non sento che...»

Una risatina soffocata di Franz Joseph la interruppe. Anche Helene rideva divertita, scambiando con lui uno sguardo complice. Se la sorella aveva voluto metterla in imbarazzo, c'era riuscita alla perfezione.

Sissi raddrizzò le spalle e proseguì. «Solo una volta, davvero, io amai, e gran gioia mi colse, alcuna nube la offuscò mai, finché Dio la felicità mi tolse.»

Sissi terminò di leggere e chiuse il quaderno di scatto, guardando l'imperatore.

Nello sguardo di Franz all'improvviso era scesa un'ombra e ogni traccia di divertimento era sparita. Per un istante, mentre fissava il volto di Elisabeth, gli era comparsa davanti la donna ungherese della maledizione, con la sua voce roca e la minaccia feroce negli occhi chiari. Ma fu solo un attimo, prima di tornare al tavolo del tè, dove era partito un applauso poco convinto.

«Versi molto toccanti. Grazie», disse l'imperatore.

«Vostra Maestà», rispose Sissi con un rapido inchino. Non tornò a sedersi, però, e nello stupore generale uscì dal salotto come una furia.

«Un brindisi al giovane Kaiser», intervenne Ludovika e tese il bicchiere con un sorriso forzato, cercando di smorzare la tensione che era calata sulla tavola. «Alla famiglia, e anche all'amore.»

«La cerimonia sarà questa», iniziò l'arciduchessa, tornando all'argomento che più le premeva. «Franz concluderà il cotillon con la futura imperatrice. La consegna del bouquet sigillerà il fidanzamento. Alla futura coppia imperiale», terminò con il bicchiere alzato.

Franz sorrise e sollevò il proprio. Mentre lo portava alle labbra, lanciò un'occhiata di intesa alla sua futura sposa. Helene la ricambiò per un fuggevole istante e poi abbassò lo sguardo, con un'espressione raggiante dipinta sul viso.

Capitolo 5

Terminato il «tè in famiglia», come l'aveva definito la madre, Franz si rinchiuse nel suo studio, per restare solo. Concentrarsi sui documenti che richiedevano la sua attenzione però gli era impossibile, così si alzò e andò alla finestra, cercando pace nella vasta distesa verde smeraldo del parco della villa imperiale. In battaglia era più facile, la paura di morire o di essere ferito non l'aveva mai fermato, al contrario, aveva scoperto che era una valida alleata. Era lì, chiuso fra le pareti dello studio, che il suo compito a volte gli risultava impossibile.

Aveva solo ventitré anni eppure c'erano momenti in cui gli sembrava di averne almeno il doppio. Era sempre stato consapevole dell'immensità dei propri doveri e dell'importanza dell'Austria nello scacchiere delle grandi potenze europee. Governare uno Stato così vasto ed esercitare la propria autorità su popoli tanto diversi, dagli italiani ai tedeschi, dagli austriaci agli ungheresi agli slavi, era un'impresa ardua, che richiedeva un'esperienza di molto superiore alla sua. E i suoi consiglieri, perfino la fidatissima e amatissima madre, a volte finivano per confonderlo, più che dirigerlo. In quel momento, poi, stretto fra i ribelli ungheresi e i sollevamenti dei nazionalisti nell'Italia del Nord, fra le ambizioni dello Zar russo e quelle di Napoleone III, la strada giusta da seguire si faceva sempre più sfuggente e difficile da individuare.

I progetti matrimoniali della madre non lo aiutavano certo a rasserenarsi. Helene era una giovane attraente e posata, dalla indubitabile grazia, ma era così seria e taciturna. O forse lo sembrava accanto all'esuberante sorella, che invece era affascinante, spontanea e piena di entusiasmo. Gli era bastato averla vicino pochi istanti, per ricordare che cosa significava essere vivo.

All'improvviso una voce distante ruppe il silenzio del parco, subito seguita da uno scalpitare di zoccoli. Franz alzò la testa, stupito, e un attimo dopo vide passare davanti alla finestra dello studio proprio la giovane Elisabeth, lanciata al galoppo su uno dei cavalli neri della scuderia. L'imperatore non poté trattenere un sorriso.

Non si accorse neppure che il fedele Grünne l'aveva raggiunto.

«Vi piace tanto, non è vero?» disse l'amico. «Qual è il problema? Vostra madre?»

Franz non rispose subito, mentre un'idea gli prendeva forma nella mente, poi si voltò verso di lui con un sorriso malizioso. «Andiamo a caccia?»

I due uomini cavalcarono rapidi. Gli zoccoli dei cavalli percuotevano decisi il sentiero sterrato e riecheggiavano fra le pareti maestose delle montagne austriache. I contadini al lavoro nelle poche case sparse attorno a Ischl si giravano sorpresi al sentirli passare.

Una donna sussultò quando riconobbe l'imperatore. Sapeva che andava a cavalcare nei dintorni, ma non l'aveva mai visto così da vicino e fu colpita dal portamento impeccabile e austero, perfino in sella. Dopo quasi quattordici anni di governo di Ferdinand I, con il suo spirito debole e il suo stato di salute precario, un imperatore giovane e bello si era conquistato facilmente un posto nei sogni di molte ragazze nei territori asburgici.

Poco più avanti, lungo lo stesso sentiero, un uomo dai capelli lunghi e la barba scura era occupato a intagliare un pezzo di legno con pochi gesti bruschi del coltello. Alzò la testa quando i cavalli gli corsero davanti e, non appena riconobbe l'uomo in sella, affondò il coltello nel legno e si alzò. Con voce affannata radunò alcuni uomini, lanciò loro i fucili e si allontanarono rapidi.

Sissi invece aveva schivato le poche case deviando sui prati ogni volta che le era possibile. China sul collo dell'animale, non si curava del paesaggio imponente che la circondava. Il cuore batteva rapido ma era per la rabbia, non per lo sforzo della cavalcata. Non avrebbe neppure saputo dire con chi era più furiosa. Se con la sorella, che l'aveva umiliata di proposito mettendola in ridicolo davanti a tutti, con la madre, che dava sempre la colpa a lei e a cui interessava soltanto vedere Néné sposata con l'imperatore, o con l'imperatore stesso, che l'aveva derisa nel momento in cui si sentiva più vulnerabile.

L'unica cosa che desiderava in quel momento era tornare al castello di Possenhofen. Sarebbero stati tutti molto meglio senza di lei. Era solo un impiccio, con i suoi modi goffi e le sue gaffe continue. Era sicura che Helene sarebbe stata felice di saperla lontana. Sperava solo di avere scelto la strada giusta. Si era lanciata al galoppo con tanta furia e aveva preso così tante deviazioni, che iniziava a temere di essersi smarrita.

A un tratto sentì un rumore di zoccoli alle sue spalle, si voltò rapidamente e accelerò quando vide due uomini che la inseguivano. La madre doveva aver mandato qualcuno a fermarla, per riportarla indietro. Per quanto potesse essere felice di sbarazzarsi di lei, Ludovika non le avrebbe permesso di fare a modo suo. Sissi spronò il cavallo a correre più veloce. Un istante dopo si girò di nuovo e vide che i due cavalieri dietro di lei avevano guadagnato terreno. Poco dopo, furono abbastanza vicini da poterli riconoscere e per poco Sissi non lasciò cadere le redini per la sorpresa. Il cavaliere in testa era l'imperatore.

Non le ci volle molto a riprendersi. Con un gesto rapido delle redini, Sissi scartò nel prato, allontanandosi da loro. Cavalcò rapida, schivando le rocce sparse sull'erba, poi tornò sul sentiero e sentì la voce di Franz Joseph che la chiamava.

«Fermatevi!»

Non gli diede retta e spronò il cavallo a correre ancora più veloce, l'abito nero che si sollevava attorno a lei, i muscoli dell'animale tesi sotto le sue gambe.

Il conte Grünne, che era rimasto indietro, fermò il cavallo e rinunciò all'inseguimento. Per quello che stava per fare, all'imperatore non serviva la sua compagnia. «Li raggiungeremo dopo», mormorò all'animale dopo qualche momento di esitazione, poi lo girò e tornò da dove erano arrivati.

L'imperatore era un abile cavallerizzo, ma la giovane Elisabeth lo era altrettanto, se non di più, e riuscì a non farsi raggiungere. Lasciarono di nuovo il sentiero e si lanciarono sul prato, poi Sissi cambiò idea e puntò verso il bosco, invece, dove sapeva che sarebbe stato più difficile starle dietro. Gli alberi della foresta austriaca erano così fitti che all'improvviso sembrò che fosse scesa la notte. Solo le lame di luce bianca e polverosa che tagliavano l'aria fra i tronchi e le fronde rischiaravano il cammino.

Sissi avanzò sempre più rapida, consapevole di avere aumentato la distanza rispetto al Kaiser e godendosi la sensazione di essere irraggiungibile. All'improvviso però la luce davanti a lei cambiò. Tirò le redini con tutta la forza che aveva, un attimo prima che le zampe anteriori del cavallo precipitassero nel vuoto di un enorme crepaccio.

Poco dopo Franz le fu accanto e per qualche istante nessuno dei due parlò. Avevano entrambi il respiro affannato. L'imperatore smontò da cavallo e accarezzò il muso dell'altro animale.

«Perché fuggite?» le chiese, nel tono più gentile che gli riuscì.

Sissi gli lanciò un'occhiata sdegnosa e smontò a sua volta. «E voi perché mi seguite?» ribatté. Poi prese il cavallo per le briglie e si allontanò, tornando nella direzione da cui era arrivata.

Franz la seguì e le bloccò il braccio con decisione, obbligandola a fermarsi. «È a causa dei versi?» le chiese a bassa voce, fissandola negli occhi.

Sissi liberò il braccio con uno strattone. «Questo non vi riguarda.»

Fece per andarsene, ma aveva fatto solo pochi passi, quando l'imperatore la afferrò con violenza per la spalla, strappandole il vestito. Si bloccarono entrambi. Sissi sussultò, prima spaventata, poi offesa e indignata. Franz però non la lasciò andare. Abbassò gli occhi sulla pelle nuda e sul pizzo nero sottile che spuntava sotto il tessuto lacero.

I loro volti adesso erano così vicini che sarebbe bastato un respiro un po' più profondo per baciarsi.

«È perché ho riso. Vero?» chiese piano lui.

Dopo un attimo di esitazione, Sissi lo allontanò con una spinta. «Addio, Vostra Maestà.»

«Dove andate?» le gridò dietro lui.

«A casa se riesco!» rispose la ragazza, mettendosi a camminare alla ricerca del cavallo, che nel frattempo si era allontanato. «Se riesco a ritrovare il mio cavallo.»

Nel fitto della foresta iniziava a calare l'oscurità e la poca luce che filtrava fra gli alberi era sempre più cupa. Una nebbia leggera aleggiava sul terreno, confondendo i contorni e raggelando l'aria.

Sissi avanzava piano, fischiando e guardandosi attorno alla ricerca del cavallo. Era ancora sconvolta e la furia se non altro serviva a scaldarla, nonostante il vestito strappato. Come aveva osato l'imperatore trattarla in quel modo? E lei come aveva potuto pensare di essere attratta da un uomo simile? Così violento e prepotente? Ora più che mai voleva tornare a casa, a Possenhofen, dove era tutto più semplice e dove le sue emozioni non la traevano in inganno in quel modo.

Giunta in una piccola radura fra gli alberi, finalmente vide l'animale, fermo dietro un tronco. Brucava l'erba tranquillo, indifferente alle pene di Sissi. Uno scatto leggero alle sue spalle le impedì di correre da lui e quando si voltò, si trovò davanti la canna di un fucile, puntata contro di lei. Si girò di nuovo, di scatto, e vide un altro uomo avanzare nella sua direzione, armato di coltello, e poi un altro, e un altro ancora, spuntarono fra gli alberi.

Sissi si bloccò, terrorizzata. Uno degli uomini, con una barba folta e scura e uno sguardo feroce, la raggiunse e le fece scorrere lo sguardo addosso con un sorrisetto: «Dov'è il Kaiser?» le chiese, con un forte accento ungherese.

Sissi scosse la testa. Non sapeva se era la paura o il coraggio a impedirle di rispondere. Sapeva solo che qualcosa dentro di lei le impediva di consegnare l'imperatore a quell'uomo. Nonostante il vestito strappato e il modo in cui l'aveva trattata.

L'uomo le afferrò il viso con violenza e il grosso anello che portava al dito le graffiò la pelle delicata. «Do-v'è-il-Kaiser?» ripeté, con più decisione, scandendo le parole.

Sissi scosse di nuovo la testa.

Lui la fissò per qualche istante, poi spostò lo sguardo sul tizio dietro di lei, che le puntava l'arma alla nuca, e annuì dandogli l'ordine di sparare.

Senza avere il tempo di pensare, Sissi si voltò di scatto, spinse via la canna del fucile e deviò il colpo, che risuonò fra le cime degli alberi. Poi si abbassò sotto il braccio dell'uomo e cercò di scappare, ma l'altro era troppo forte e troppo vicino. La afferrò per il polso, la colpì al viso con violenza e la sbatté a terra. Sissi lottò con tutte le sue forze, ma l'altro in pochi istanti l'ebbe immobilizzata e le premette il coltello contro la gola.

Un uccello lanciò il suo richiamo nel fitto del bosco. Sissi sentiva la lama fredda sulla pelle e cercò di trattenere il respiro. Pensò alla madre e alla sorella, che la aspettavano a Ischl. Si chiese se sarebbero state davvero meglio senza di lei.

«Lasciala subito», risuonò all'improvviso una voce.

A pochi metri di distanza da lei, l'imperatore puntava l'arma contro gli aggressori e ne stringeva un altro per il collo, costringendolo a contorcersi per il dolore. «Sono io quello che volete.»

L'uomo che teneva Sissi a terra si alzò, lasciandola libera.

Il Kaiser gettò via l'arma e allentò la presa sul tizio che teneva prigioniero. Per un attimo gli uomini si fissarono in silenzio. Poi quello con la barba fece un cenno a uno dei suoi, che sollevò il fucile e lo puntò verso l'imperatore, sotto lo sguardo inorridito di Sissi.

Nella radura calò il silenzio. L'uomo prese la mira, ma non ebbe il tempo di premere il grilletto, perché un colpo di fucile lo raggiunse alla spalla. Un attimo dopo, Grünne si lanciò nella radura.

«Duchessa, scappate!» gridò Franz, mentre lui e l'amico lottavano contro gli aggressori.

Sissi prese il cavallo, saltò in sella e corse via. Non era arrivata lontano, però, quando uno degli aggressori che era riuscito a fuggire le si parò davanti, bloccandole la strada. Dietro di lei arrivavano i suoni soffocati della lotta, gli spari e le urla di dolore di chi aveva la peggio. Quando sentì un verso raccapricciante, che si spegneva gorgogliando nel sangue, Sissi ebbe una morsa allo stomaco. Questa volta nessuno sarebbe arrivato a salvarla.

L'altro sogghignò e puntò l'arma. Il cavallo si imbizzarrì e si sollevò sulle due zampe posteriori con un nitrito feroce. Elisabeth non poteva fare più nulla. Aveva perso il controllo dell'animale e l'uomo era troppo vicino. L'arma fece fuoco e il colpo raggiunse facilmente il bersaglio.

L'animale si accasciò a terra, portandola con sé.

«No!» Franz arrivò in tempo per vedere l'uomo che fuggiva e Sissi immobile, a terra. Corse da lei. «No, no, no. Duchessa. Non può essere», gridò, affannato. Provò a scuoterla, senza ottenere risultato. Allora sollevò la mano e la schiaffeggiò con decisione e lei finalmente aprì gli occhi. «Scusatemi», le disse subito. «Siete ferita?»

Lei scosse appena la testa. Era talmente indolenzita da non riuscire a capire se stava bene, ma se non altro il colpo non l'aveva raggiunta. Il cavallo, imbizzarrendosi, le aveva salvato la vita.

Grünne li raggiunse, aiutò Sissi a rialzarsi e lanciò un'occhiata all'animale disteso a terra, che respirava affannosamente. Dopo un'occhiata di intesa con l'imperatore, la prese per il braccio e la allontanò.

«Duchessa», la incalzò, quando lei oppose resistenza, rifiutandosi di seguirlo.

Sissi obbedì e riprese a camminare, ma quando si voltò un'ultima volta vide Franz estrarre il pugnale, chinarsi sopra l'animale morente, sollevargli la testa e sgozzarlo, schizzandosi il viso di sangue.

Capitolo 6

RIMASTA senza cavalcatura, Sissi dovette montare sulla stessa sella dell'imperatore e cavalcando lenti arrivarono nei pressi di un ruscello.

«Perché il conte Grünne non è venuto?» chiese la ragazza, stringendogli le braccia al petto. L'abito nero strappato le pendeva sulla spalla e il viso era coperto di fango. Erano entrambi sporchi e doloranti. Quando accostò il viso alla sua nuca, Sissi gli sentì addosso l'odore del sangue e della battaglia. «Perché l'avete mandato via?»

«Nessuno dovrà sapere quel che è accaduto», rispose il Kaiser, in tono deciso.

«Perché no?»

«Divamperebbe un incendio che sto cercando di estinguere.»

In breve arrivarono in un punto in cui il ruscello si allargava in una pozza di acqua limpida, fra sassi tondeggianti. Una piccola cascata faceva vibrare l'aria di una luce argentata, cancellando ogni altro suono con il suo scrosciare.

L'imperatore non esitò a spogliarsi e, rimasto a petto nudo, iniziò a lavarsi dal fango e dal sangue con l'acqua del ruscello. Quando ebbe terminato, la raggiunse. Sissi aveva di nuovo il respiro affannato, ma non era per lo sforzo della corsa, questa volta. Sapeva di essere arrossita ed era certa che lui l'avesse notato. Non aveva potuto fare a meno di ammirare il torace muscoloso, molto più forte di quanto lasciasse intuire il fisico snello del Kaiser, costretto nell'uniforme militare. Franz le posò la mano sulla spalla nuda e la guardò.

«Con me sei al sicuro», mormorò. «Presto sarà buio. Dobbiamo affrettarci.»

Poi lasciò cadere la mano e tornò verso il cavallo.

Sissi non poteva tornare a Ischl in quelle condizioni, ne era consapevole. Lanciò un'occhiata dubbiosa al cielo sopra le cime degli alberi, che sembrava incupirsi a vista d'occhio.

«Sì, ma non girarti», gli urlò, ancora esitante.

«Te l'ho detto! Sei al sicuro!»

Lei gli credette. Si sfilò l'abito lacero e si immerse con un brivido nell'acqua gelida.

La luce rosata del tramonto tingeva le acque del fiume ed era già quasi buio, quando Sissi e Franz tornarono alla villa imperiale. Cavalcavano piano, la guancia della giovane contro la camicia dell'imperatore, entrambi troppo stanchi e provati per accorgersi della carrozza ferma a pochi metri da loro. Anche se l'avessero notata, comunque, non avrebbero mai potuto immaginare che all'interno due sorelle separate dagli anni e dalla vita discutevano della regolarità delle mestruazioni della ragazza che sarebbe diventata madre del prossimo Asburgo.

Quando l'arciduchessa Sophie vide arrivare Franz e Sissi a cavallo, però, e notò il modo in cui la giovane duchessa si stringeva a lui, con la sua giacca dell'uniforme sulle spalle iniziò a dubitare che quella ragazza fosse davvero Helene. E a nulla servì che Ludovika fingesse di non capire che i suoi progetti per la figlia maggiore iniziavano a vacillare. Era ormai chiaro che l'imperatore era stato distratto dai progetti iniziali della madre e che non era Helene a risvegliare il suo interesse.

Anche per questo Ludovika non fu mossa da alcuna pietà quando tornò nelle proprie stanze e sorprese la figlia a frugare nei bauli, alla ricerca del vestito da indossare per il ballo. Quando la vide svuotare i bagagli e spargere il caos attorno a sé, proprio come aveva seminato il caos nei suoi piani nuziali, sentì una rabbia gelida che le montava dentro.

«Non dovevi tornare a casa?» le chiese freddamente, dalla soglia.

«Ho cambiato idea, resto.»

«Se è il vestito giallo, quello che cerchi, non lo troverai.»

Sissi smise di gettare gli abiti alla rinfusa e guardò il mucchio di pizzi e velluti pregiati sul pavimento. «Perché?»

«Non ha importanza, perché.»

La ragazza si voltò verso la madre. «Io a quel ballo ci andrò.»

«Volevi andarci in nero, allora vacci in nero», rispose Ludovika, in tono duro.

«Il mio vestito nero è tutto lacerato.» Sissi si alzò da terra per mostrarglielo, alla luce fioca delle candele che riverberavano contro la tappezzeria lussuosa. Aveva gli occhi lucidi. La stanchezza e la paura di poco prima si iniziavano a sentire e scopriva di avere bisogno della consolazione della madre. Se l'orgoglio non glielo avesse impedito, si sarebbe gettata fra le sue braccia.

«Se è lacerato, cerca un sarto», ribatté Ludovika. «Te lo farai accomodare.»

Sissi salì di corsa lo scalone che portava agli appartamenti dell'arciduchessa. Era riuscita a distrarre la guardia con uno stratagemma, ma sapeva che non avrebbe dovuto aggirarsi in quell'ala della villa da sola. Dopo che la madre le aveva negato il suo aiuto, aveva capito di non avere altra scelta. Se quella era l'unica strada per andare al ballo in cui l'imperatore avrebbe scelto la sua futura moglie, allora si sarebbe fatta coraggio e l'avrebbe imboccata.

Non aveva fatto i conti, però, con la figura imperiosa che l'apostrofò mentre cercava di capire da che parte dirigersi.

«Desiderate?»

Sissi, che non si era accorta subito di lei, sussultò. «Voi chi siete?» chiese intimorita.

«La contessa Esterházy, governante di corte e dama di Sua Maestà, l'arciduchessa Sophie», rispose la donna. Aveva un viso spigoloso e appuntito, che i ricci ben acconciati non riuscivano ad ammorbidire.

«Conducetemi da lei», chiese allora Sissi, mentre riparava il vestito strappato con la mano.

La donna la guardò poco convinta. «Avete udienza con Sua Maestà, forse?»

«Sua Maestà è mia zia.»

Qualche istante dopo venne annunciata all'arciduchessa e ricevuta in un salottino. L'ultima luce della sera entrava attraverso le tendine di pizzo bianco e rischiarava la stanza fra le boiserie bianche.

«A cosa devo questo piacere?» chiese Sophie. Se era sorpresa dal suo arrivo, non lo diede a vedere. Del resto, pareva che nulla potesse sorprenderla o strapparle una delle tante emozioni su cui esercitava un controllo assoluto.

«Mi piacerebbe andare al ballo», rispose Sissi con franchezza.

«E allora?»

La ragazza spostò appena la mano e rivelò lo strappo nel tessuto nero. «Mi serve un vestito nuovo.»

L'arciduchessa si avvicinò, osservandola con attenzione. Era incuriosita e attratta da quella giovane che era riuscita a strappare il figlio ai suoi doveri e alla serietà con cui era solito affrontarli. Non aveva mai visto Franz così interessato a una nobildonna e la nipote sembrava in grado di trasformarlo, accendendo una luce nuova nei suoi occhi. «E lo volete da me?»

«Perdonate, Vostra Altezza è l'unica che posso pregare di aiutarmi.»

Sophie le puntò addosso uno sguardo interrogativo. «Non si tratta solo del vestito, vero?» Sissi annuì appena. L'arciduchessa sospirò e le girò attorno lentamente, scrutandola da capo a piedi. Poi si fermò di nuovo davanti a lei. «Perché pensate di avere la taglia giusta, per il vestito?» aggiunse con un'occhiata di intesa.

«Perché me lo dice il cuore», rispose Sissi, fissandola. «Sono pronta a dare tutto.»

«E tutto io dovrò esigere», disse Sophie, severa. «Ma non dimenticate una cosa: deciderà mio figlio, alla fine. Seguitemi.»

Sissi si preparò da sola nella propria stanza, senza l'aiuto di una cameriera o della madre, che si era già diretta con la sorella verso l'altra ala della villa, dove si sarebbe tenuto il ballo. Continuava a pensare alla conversazione con l'arciduchessa, spaventata dalla propria promessa e dalla fermezza con cui era stata accolta. Non era solo quello, però, a turbarla. C'era anche l'incontro che aveva fatto poco dopo, mentre tornava verso le proprie stanze con l'abito che le era stato consegnato.

Doveva avere sbagliato a svoltare da qualche parte, forse appena scesa dalle scale, e si era ritrovata in un breve corridoio che terminava in un salottino. Stava per proseguire, quando la porta si era spalancata e ne era uscita una ragazza, completamente nuda. Una giovane dai capelli lunghi e chiari, con gli occhi grandi e le labbra carnose. Si erano fissate per qualche istante, poi la ragazza aveva abbassato appena la testa, imbarazzata, e le era passata accanto, sfiorandola. Dalla porta aperta erano arrivate alcune risate, sussurri e voci femminili. Sissi aveva provato ad aguzzare la vista, nel buio della camera, ma era riuscita solo a distinguere il profilo di alcuni corpi nudi e intrecciati, abbandonati sulle lenzuola, prima che una seconda ragazza, anch'essa senza abiti addosso, arrivasse a chiudere la porta.

Subito dopo, il conte Grünne l'aveva sorpresa e l'aveva aiutata a trovare la strada. Non aveva voluto rispondere, quando Sissi gli aveva chiesto se fosse Sua Maestà quello che aveva intravisto a letto con le ragazze, ma qualcosa continuava a sussurrarle all'orecchio che si trattasse proprio di lui.

Mentre si pettinava i lunghissimi capelli davanti allo specchio, Sissi, cercava senza riuscirci, di scacciare quell'immagine dalla sua testa. Era in ritardo e doveva sbrigarsi. Fece per appoggiare la spazzola, quando notò un segno rosso sul braccio, proprio sopra la sottoveste. Le ci volle un istante per capire che era stato lasciato dalle dita dell'imperatore, quando l'aveva afferrata nel bosco. Lo sfiorò con la punta delle dita e provò una sensazione di calore e allo stesso tempo di lontananza, che dava forma a un desiderio del tutto nuovo.

Capitolo 7

Le carrozze si succedevano senza sosta davanti all'ingresso della villa imperiale e gli ospiti, illuminati dalle torce, sfilavano fra i domestici schierati ad accoglierli.

I colpi sul pavimento del bastone del cerimoniere scandivano gli ingressi nel salone principale, addobbato a festa. Le luci di centinaia di candele rischiaravano gli abiti dell'aristocrazia invitata per l'occasione, in un trionfo di colori, pietre preziose e stoffe pregiate.

«Il conte e la contessa von Königs!»

Fuori dalla sala, una lunga fila di nobili attendeva con impazienza il proprio turno e il momento in cui sarebbero stati annunciati e avrebbero potuto rendere i propri omaggi all'arciduchessa e all'Imperatore d'Austria. Fra loro, Ludovika cercava di tranquillizzare Helena, magnifica nell'abito di seta celeste, gli orecchini che scintillavano catturando la luce delle candele e le illuminavano il viso.

«Nessuna apprensione, tesoro. Sarà la tua grande serata», mormorò Ludovika.

Helene non rispose. Riusciva a stento a respirare, per la tensione. Si impose di guardare avanti e tenere il mento alto e lo sguardo fermo e gentile, come si era esercitata a fare tante volte, nell'intimità della propria stanza.

«Il duca e la duchessa von Wittgenstein!»

Era quasi arrivato il loro turno. Dentro la sala risuonavano le note vivaci dell'orchestra e quando infine il cerimoniere fece i loro nomi, con un respiro profondo entrarono nella sala e presero posizione, per salutare i reali. Dopo essersi inchinata, Helene non poté fare a meno di incrociare lo sguardo dell'imperatore. Gli occhi azzurri erano indecifrabili e sembravano fissare un punto nel vuoto.

A un tratto, fuori dalla porta si sentì un leggero trambusto, seguito da una voce affannata. «Scusate! Oh! Chiedo scusa. Scusate, scusatemi.»

Helene sussultò. La madre intuì chi fosse prima ancora di voltarsi e quando vide la figlia, la sua espressione esasperata mutò in una più dolce e orgogliosa.

Elisabeth si era fatta largo fra la coda degli invitati ed era arrivata di corsa sulla soglia, dove la fermò il braccio teso del cerimoniere. Era impossibile non accorgersi di quanto fosse bella e sembrò che l'intera sala si bloccasse per ammirarla. L'abito azzurro che indossava pareva intessuto della stessa acqua limpida della cascata in cui si era bagnata poco prima, nella foresta. Era cosparso di minuscole pietre preziose che facevano vibrare di luce l'aria attorno a lei.

«La duchessa Elisabeth di Baviera!»

Sissi entrò sotto gli sguardi di tutti i presenti, ma nessuno la fissava con la stessa luce ammirata e rapita che brillava negli occhi dell'imperatore. La ragazza raggiunse la madre e la sorella e restituì lo sguardo di Franz Joseph così a lungo e con tanta intensità che Ludovika dovette richiamare la sua attenzione per ricordarle l'inchino.

Per l'intera durata del ballo, le due sorelle furono oggetto degli sguardi incuriositi degli invitati e dei commenti a mezza bocca delle dame riunite. Tutti erano a conoscenza del motivo di quel ricevimento e attendevano con ansia il momento decisivo, quello del cotillon e della consegna del bouquet, che avrebbe rivelato chi sarebbe stata la sposa prescelta dal Kaiser.

Sissi sedeva imbarazzata fra la madre e la sorella, che si rifiutava di rivolgerle la parola o anche solo di incrociare il suo sguardo. Il disappunto sul viso di Helene aumentò quando il conte Grünne le raggiunse e si rivolse direttamente a Elisabeth.

«Duchessa», esordì dopo un rapido inchino, «il Kaiser vorrebbe parlarvi.»

«Adesso?» chiese Sissi, stupita.

«Prima che inizi la cerimonia.»

Sissi scambiò uno sguardo con la madre e lo seguì. Grünne la accompagnò attraverso la sala, fino al punto in cui Franz Joseph era intento a conversare con un ambasciatore. Era bellissimo nell'uniforme di gala, non poté fare a meno di notare Sissi, e nella mente le balenarono le immagini di quel che era successo solo poche ore prima, quando lui aveva rischiato la vita per salvarla. Per una frazione di secondo lo rivide a torso nudo, in riva al ruscello, e abbassò subito gli occhi imbarazzata.

Con me sei al sicuro.

Si sentiva tutto fuorché al sicuro, in realtà, accanto a lui.

L'imperatore si congedò dall'ambasciatore e si diresse verso di lei.

«Mi volevate parlare?» chiese Sissi.

Il Kaiser non scese dalla pedana e le parlò dall'alto, senza guardarla negli occhi. «Mi preme che comprendiate», iniziò, fissando un punto lontano, «perché sceglierò vostra sorella.» Per Sissi fu come se l'aria fosse stata improvvisamente risucchiata via dalla stanza. Le sembrava di non riuscire più a respirare ed ebbe bisogno di tutto il proprio autocontrollo per impedire che gli occhi le si riempissero di lacrime. «Perché mi è indifferente», concluse l'imperatore.

Sissi torse le dita nei lunghi guanti bianchi. «Che volete dire?»

«Temo che vi renderei soltanto infelice», rispose Franz, in tono deciso.

La delusione e il dolore iniziale mutarono in rabbia. «Perdonatemi», disse Sissi fra i denti, sforzandosi di tenere a bada la voce, «ma questa non è l'unica cosa che voi temete.»

Solo allora Franz si decise a guardarla negli occhi, con uno sguardo feroce, in cui alla ragazza parve di scorgere le tracce della paura che lo teneva lontano da lei.

«Mesdames et Messieurs!» annunciò in quel momento il cerimoniere. «Il valzer!»

Quando l'orchestra attaccò le prime note, l'imperatore si voltò e se ne andò, senza pronunciare una parola di più.

Le coppie volteggiavano nel vasto salone e gli abiti delle dame a ogni giro si aprivano come le corolle di tanti fiori preziosi. Le note del valzer invasero la sala, eleganti e decise, forti ed esitanti, quasi prepotenti nella loro grazia e armonia e nella capacità di impadronirsi degli animi di chi le ascoltava, nel loro assalto alle emozioni del cuore. Sissi tornò a sedere e cercò di ritrovare la compostezza che le sarebbe servita per arrivare alla fine del ricevimento. Alla madre e alla sorella non sfuggì il suo turbamento, ma non seppero decifrarlo. Soprattutto Helene, che continuava a lanciare occhiate ansiose in direzione del Kaiser, in cerca di rassicurazione.

Quando il valzer terminò, il cerimoniere tornò a battere il bastone sul pavimento della sala.

«Mesdames et Messieurs! Il cotillon!»

Era arrivato il momento più atteso e un fremito di eccitazione si sparse per la sala, in un sussulto collettivo trattenuto a stento. A una a una, si formarono le coppie e Sissi non poté rifiutare quando la mano di un giovane duca si tese verso di lei, in un invito. I ballerini si disposero su due file, rivolti gli uni verso gli altri, in attesa.

Al risuonare delle prime note imperiose, si voltarono ciascuno verso il proprio compagno o la propria compagna, si inchinarono, ripeterono l'inchino verso la fila di fronte e poi iniziarono i complicati movimenti del ballo, allontanandosi e ritrovandosi, sfiorandosi e intrecciando fili immaginari nell'aria, come l'ago di un'esperta cucitrice.

Sissi, che di esperto aveva ben poco, cercava di seguire i passi senza sbagliare, spostandosi impacciata da un punto all'altro. La sua indecisione non sfuggì all'imperatore, che osservava attento la scena. Helene, invece, si muoveva con grazia e sicurezza, a ritmo perfetto con la musica e con gli altri ballerini. A un tratto, un suono sordo e gutturale prese forma nella testa del Kaiser, un suono che ben conosceva e che l'aveva visitato spesso, nei suoi incubi, dal giorno dell'impiccagione dei ribelli ungheresi.

La voce torbida e feroce della giovane dagli occhi chiari invase la sua mente, portandolo lontano e ricordandogli la maledizione che incombeva su di lui. Quando si riscosse, risuonavano le ultime note del cotillon e i ballerini si disponevano nelle loro posizioni.

Senza esitare, Franz si alzò e avanzò fra loro a passo deciso, con piglio militare. Si fermò davanti a Helene, ferma in un inchino impeccabile.

«Questa sera siete splendida, duchessa», le mormorò, prima di chinarsi e baciarle la mano guantata.

Helene si alzò, controllando a stento il respiro e l'eccitazione, e si lasciò stringere fra le braccia del Kaiser per il ballo. Poi scambiò un'occhiata trionfante con la madre e il viso di Ludovika si illuminò di una gioia che non provava da tempo.

Dal suo posto in fondo alla sala, l'arciduchessa seguiva impassibile la scena.

Le note tornarono a invadere il salone e il ballo riprese, in un susseguirsi di passi e scambi perfetti.

Quando l'orchestra cessò di suonare, nella sala calò il silenzio.

«Il bouquet sigilla il fidanzamento!» annunciò il cerimoniere.

Franz scambiò un'occhiata con Helene e si allontanò per prendere il mazzo di fiori che avrebbe segnato il destino del trono imperiale.

Nessuno fiatava nel salone, in attesa di conoscere la decisione dell'imperatore. L'arciduchessa Sophie si alzò in piedi e rimase ferma al suo posto, lo sguardo fisso sul figlio.

Con pochi passi, Grünne porse il bouquet a Franz, che lo strinse fra le dita e tornò a rivolgersi verso i nobili al centro del salone.

Helene era così raggiante che conteneva a stento l'emozione, mentre l'imperatore avanzava deciso verso di lei. Quando l'ebbe quasi raggiunta, però, non si fermò, e proseguì con lo sguardo fisso negli occhi di Elisabeth.

Un sussurro stupito corse fra i nobili, come un refolo di vento sulla superficie increspata dell'acqua.

«Duchessa», mormorò Franz quando fu davanti a Elisabeth e le tese il bouquet.

Nell'istante esatto in cui le dita della giovane lo strinsero, ogni persona nella sala si inchinò al suo cospetto, in un frusciare di stoffe pregiate. Tutti, nessuno escluso, comprese la madre e la sorella, chinarono il capo davanti alla nuova Imperatrice d'Austria.

Capitolo 8

Castello di Possenhofen, Baviera

I giorni dopo il ballo furono così frenetici che Sissi ebbe appena il tempo di chiedersi se fosse successo davvero o se l'avesse solo sognato, prima di essere risucchiata in un vortice di preparativi e nuove incombenze. All'improvviso, tutto ciò che era stata fino a quel momento pareva non contare più e non bastare. O essere completamente sbagliato. Sembrava che tutti si aspettassero da lei che tirasse fuori dal nulla una nuova Elisabeth, in grado di soddisfare il lunghissimo elenco di requisiti richiesti a un'imperatrice. Denti più puliti, guardaroba più consono, un portamento più eretto...

Per Sissi, che era cresciuta lontana dagli sfarzi e dall'etichetta di corte, era come muoversi in un Paese straniero, di cui ignorava le usanze, i costumi e qualche volta perfino la lingua. Non c'era posto dove si trovasse meno a suo agio che fra le formalità e i cerimoniali della nobiltà e si sorprese più di una volta a desiderare che Franz fosse un semplice sarto e non l'Imperatore d'Asburgo. Nell'innocenza dei suoi quindici anni, Sissi si chiedeva perché la vita di coppia non potesse assomigliare di più a quella giornata al ruscello o alla cavalcata sfrenata insieme all'imperatore fra le montagne, e meno a un esame pieno di trappole e trabocchetti.

Tornata a Possenhofen, invidiava i fratelli minori, che potevano correre per i prati attorno al castello e giocare spensierati, come aveva fatto lei fino a poco prima. La sua infanzia non le era mai sembrata così lontana e inarrivabile.

Nel frattempo, la residenza estiva della famiglia si riempiva di doni e omaggi dell'imperatore, in attesa che lo stesso Franz Joseph arrivasse in Baviera in visita insieme alla madre. Fiori, bauli colmi di oggetti insoliti e lussuosi, abiti sfarzosi, gioielli dal valore inestimabile che brillavano come raggi di sole. Non passava quasi giorno senza che venisse recapitato qualche nuovo regalo. Per Sissi era una sorpresa continua e benché non fosse mai stata particolarmente interessata alle collane e agli orecchini, quei doni stupefacenti la distoglievano dall'ansia che le procuravano gli altri compiti.

Fra questi, quello di scegliersi una dama di compagnia. La sola idea di dover condividere i propri momenti più intimi e riservati con un'estranea la terrorizzava.

«Franz Joseph e vostra zia verranno qui fra un mese», ricordò Ludovika alle figlie, un pomeriggio, «in occasione dell'onomastico di Sissi.»

Elisabeth ascoltava la madre distrattamente, troppo occupata a provare il nuovo paio di scarpe appena giunto da Vienna. Calzavano così bene che, se non fosse stato per le pietre preziose di cui erano tempestate, avrebbe giurato di essere a piedi nudi. Poteva perfino saltarci dentro, cosa che fece subito, ottenendo un'occhiata di disapprovazione della duchessa Ludovika.

«Tu dovrai conoscere bene l'etichetta di corte...» la

richiamò all'ordine la madre. «E tu, Néné, le insegnerai tutto entro allora.»

Entrambe le sorelle alzarono la testa di scatto, stupite.

«Io?» protestò Helene. «Solo perché lei non vuole servirsi di una damigella?»

«No, Néné», rispose la madre, «perché vorrei che tu imparassi ad accettare la tua vita. Così come io ho accettato la mia. E con molta grazia e dignità...»

«...in ogni passo e ogni gesto», terminarono la frase le figlie insieme a lei, all'unisono.

Subito dopo, Helene trafisse la sorella con uno sguardo accusatore. Non le avrebbe mai perdonato di avere infranto i suoi sogni e averle rubato il futuro radioso in cui aveva investito tante energie e speranze. Sissi sperava soltanto che riuscisse almeno a continuare a volerle bene, quando il tempo avesse smorzato la delusione e il dispiacere.

Ebbero così inizio le lezioni, lunghi pomeriggi in cui Sissi scalpitava, rinchiusa in casa a cercare di imparare nomi, doveri e norme del protocollo. Dovette studiare la storia austriaca, ripassare i passi dei balli e capire a chi poteva porgere la mano per il bacio e a chi no. Un giorno le toccò perfino memorizzare la piantina della residenza imperiale a Vienna.

«Solo la più alta nobiltà e le alte cariche del clero sono autorizzate a superare la prima anticamera e la seconda anticamera», lesse Helene, seduta impettita nel piccolo salottino del castello. «Alla camera segreta del Consiglio sono ammesse solo le supreme autorità della corte, i principi regnanti, i cardinali e gli inviati delle altre corti imperiali.»

Sissi, esausta, cercava di ricordare tutto e di individuare i diversi luoghi sulla mappa che aveva davanti.

«E questa cos'è?» chiese dopo averla osservata a lungo, indicando una delle stanze più grandi.

La sorella la fissò per qualche istante, prima di rispondere. «La camera da letto della coppia imperiale», disse, in tono allusivo. Poi si chinò verso di lei e sulle labbra le comparve un sorriso malizioso e vagamente crudele. «Lì è dove 'la trota' viene diliscata», aggiunse sottovoce, per non farsi sentire dalla madre seduta poco distante. «Non sai proprio nulla, vero?» concluse, godendosi l'espressione spaesata e intimorita della sorella minore.

Infine Helene ebbe pena di lei. Inventarono una scusa con la madre, interruppero la lezione e si diressero nello studio privato della ragazza, per una lezione di tutt'altro genere.

Sissi si chiuse con cura la porta alle spalle e raggiunse la sorella allo scrittoio. Helene aprì un piccolo baule di legno chiuso a chiave e tirò fuori un mazzo di carte.

«Però non dire niente a papà», intimò a Sissi, prima di consegnargliele.

Elisabeth annuì impaziente e le prese, poi iniziò a sfogliarle, sempre più turbata, sotto lo sguardo complice e divertito della sorella.

A prima vista poteva sembrare un semplice mazzo di carte, ma le illustrazioni sotto i diversi segni erano tutto fuorché semplici. Sissi le osservò concentrata, il cuore che le batteva sempre più rapido nel petto.

Erano raffigurati alcuni soggetti dai tratti orientali, più o meno svestiti, contorti in posizioni innaturali. Sulla regina di picche, una donna cavalcava un uomo completamente nudo, afferrandosi la caviglia e piegandosi all'indietro. Sopra il re di fiori, lo sguardo le cadde immediatamente sul pene dell'uomo, fra le gambe di una donna distesa davanti a lui. Sul sei di quadri, un uomo era attorniato da donne nude, in una scena che le riportò alla mente quella che aveva intravisto a Ischl, mentre cercava di tornare verso le proprie stanze.

«Ma non fa male?» mormorò Sissi, turbata.

La sorella accennò un sorriso. «Se concepirai l'erede al trono farà malissimo, vedrai.»

Capitolo 9

«NON dimenticate, figli miei, prima l'inchino, e poi il baciamano alla zia», ripeté la contessa Ludovika nervosa, in piedi sugli scalini davanti al castello di Possenhofen, mentre il corteo della carrozza imperiale arrivava nel parco e si fermava di fronte alla vasta fontana circolare. «E tutto con estrema dignità e grazia», concluse, rivolta all'intera famiglia schierata e pronta ad accogliere gli invitati. «E vorrei che anche tu agissi dignitosamente», aggiunse in un sussurro preoccupato al marito, in piedi accanto a lei.

Il duca Maximilian ostentava uno dei suoi abiti migliori per l'occasione, ma non certo una delle sue espressioni più felici. Non aveva mai fatto mistero della sua opposizione a quel matrimonio, che per lui significava tradire tutto ciò in cui credeva profondamente, a cominciare dagli ideali democratici che, a dispetto del suo titolo, caldeggiava con sempre maggiore convinzione. Non erano solo i principi teorici, però, a renderlo contrario a quell'unione. C'erano anche l'affetto profondo che nutriva verso la figlia e la certezza che quelle nozze l'avrebbero privata di ogni libertà, soffocando il suo spirito ribelle ed entusiasta.

La frase della moglie, in quella messa in scena che reputava patetica e che sopportava a stento in casa propria, fu la goccia che fece traboccare il vaso. Dopo averle rivolto un'occhiata feroce, si voltò e abbandonò il resto della famiglia per rientrare in casa, proprio nell'istante in cui lo sportello della carrozza si apriva e ne uscivano il Kaiser e l'arciduchessa.

Il viso stanco di Franz Joseph si illuminò non appena incrociò lo sguardo di Sissi e un sorriso gli affiorò sulle labbra.

I due promessi sposi non ebbero molte occasioni per restare soli, nelle ore che seguirono. Il duca Maximilian negò la propria presenza per quanto gli fu possibile e dopo un saluto rigido e ostile, li raggiunse solo quando Sissi, i fratelli e le sorelle avevano quasi terminato di cantare davanti alla famiglia e alla servitù.

Il suo arrivo nella stanza fu accolto da una tensione dissimulata a fatica, mentre i ragazzi intonavano le ultime note della canzone. Alla duchessa Ludovika non sfuggì l'espressione irritata dell'imperatore e sapere che il marito l'aveva offeso platealmente, davanti all'arciduchessa, per di più, la ferì e la colmò di rabbia.

Poco dopo fu la volta dei regali portati da Vienna e alla piccola Mathilde, la sorella di Sissi, toccò il compito di svelare il più misterioso. Un grosso oggetto dalla forma insolita, che tremolava nascosto sotto un panno chiaro.

Con un gridolino emozionato, Mathilde afferrò il morbido tessuto e lo tirò giù. Un sussulto sbalordito corse per la stanza. Sissi sgranò gli occhi con un'espressione non meno eccitata di quella della sorellina, forse perfino di più.

«Attenta, può beccarti», si raccomandò Franz, mentre la bambina fissava a occhi spalancati il pappagallo variopinto, di un blu e un arancione così intensi e sfarzosi che sembrava impossibile potessero esistere in natura.

«È un regalo per me?» chiese Mathilde, emozionata.

«No», rispose l'imperatore.

«È per Sissi?»

«Tesoro, vieni qui», la richiamò la madre, mentre Elisabeth si alzava con grazia e si avvicinava alla gabbia. Negli occhi aveva tutta la meraviglia e lo stupore che non erano riuscite a suscitare le decine di gioielli e stoffe preziose arrivate dalla reggia imperiale.

«Oh», mormorò, mentre l'animale saltellava impaziente sul trespolo. «E tu chi sei?»

«Avanti», l'imperatore si rivolse al pappagallo in un tono scherzoso. «Fa' come ti ho insegnato. Forza.»

L'uccello però si rifiutò di obbedire e rispose con un gracchiare stonato e imperioso, che strappò a entrambi una risata divertita.

In quel momento, Franz Joseph era così diverso dall'uomo che Sissi aveva conosciuto a Ischl. Era altrettanto bello e affascinante, e i suoi modi erano sempre alteri e controllati, ma sembrava più rilassato, meno teso. Come se la magia di Possenhofen avesse avuto effetto anche su di lui. O almeno così credeva Sissi, che trovava più facile convincersi che il merito fosse del fiume e dei prati sconfinati, che non suo. Le sembrava ancora impossibile che uno degli uomini più potenti e rispettati d'Europa ricambiasse i suoi sentimenti.

«Grazie tante», mormorò Elisabeth.

«Forse si ribella perché sa che dovrà vivere in gabbia», commentò il duca Maximilian, seduto in poltrona poco distante, senza neanche cercare di dissimulare l'espressione arcigna.

«È in gabbia dalla nascita», rispose Franz, fissandolo negli occhi. «Non conosce altro.»

«Mia figlia, invece, sì», insistette il duca. «Lei è cresciuta in libertà.»

Tutta la spensieratezza di poco prima svanì dalla stanza. Il viso dell'imperatore tornò a ricomporsi in una maschera rigida e intransigente. Per qualche istante si sentì solo il gracchiare impertinente del pappagallo.

«Vorrei invitarvi a fare un giro in carrozza», esclamò allora di getto Sissi.

La contessa Esterházy, che sorseggiava un tè un po' in disparte, per poco non se lo rovesciò addosso, scandalizzata. Il duca Maximilian non si curò di reprimere un sogghigno soddisfatto.

«Sissi!» esclamò la duchessa, mentre cercava di tenere ferma Mathilde, che le si agitava in braccio.

«È il mio onomastico», si giustificò lei con un sorriso innocente, che stroncò sul nascere ogni protesta.

La carrozza avanzava lenta fra i sussulti, sulla strada accidentata di campagna. Seduta di fronte alla giovane coppia, la contessa Esterházy non avrebbe potuto essere più a disagio e osservava preoccupata la campagna attorno a lei. L'espressione arcigna e irritata che sembrava parte integrante del suo viso quel pomeriggio era se possibile ancora più stizzita, mentre agitava il ventaglio con gesti nervosi. La contessa non amava i fuori programma, e amava ancora meno le giovani donne che credevano di poter fare a meno del cerimoniale e delle norme di buon comportamento, le stesse norme a cui lei invece aveva consacrato la propria vita.

Essere la dama di Sua Maestà e la governante di corte non era un compito che si potesse prendere alla leggera e la nobildonna non se lo scordava un solo istante. Sapeva di essere molto di più di una confidente e di una dama di compagnia. Dal perfetto funzionamento della corte dipendevano, come aveva imparato, non solo la vita di chi abitava a palazzo ma quella di tutti i sudditi. Un piccolo intoppo poteva avere effetti inimmaginabili e dal momento che non si poteva mai sapere quale fosse il dettaglio dalle conseguenze disastrose, era fondamentale sorvegliarli e gestirli al meglio tutti quanti.

«Cocchiere!» chiamò a un tratto Sissi e la carrozza si fermò, sotto lo sguardo perplesso degli altri due. «Vorrei mostrarvi una cosa», spiegò la giovane al Kaiser.

Franz lanciò un'occhiata di sfuggita alla contessa, seguì Sissi giù dalla carrozza e poi con un gesto rapido richiuse lo sportello, impedendo alla nobildonna di seguirli.

«Cara contessa, meritate una pausa», disse in tono cordiale. Si voltò verso il cocchiere. «Portala a vedere i dintorni.» E fece per allontanarsi.

«Vostra Maestà!» lo richiamò la contessa, in un tono severo che non ammetteva repliche. «Mi fa molto piacere che il mio benessere vi stia tanto a cuore, ma preferirei accompagnarvi.»

Ai futuri sposi non restò molta scelta. Si lanciarono un sorriso complice e a un cenno del capo di Franz iniziarono a correre nel bosco.

I raggi del sole trasformavano le foglie in tante schegge di luce e gli uccelli cantavano indisturbati nella vasta foresta attorno a loro. Sissi e Franz non si fermarono finché non furono sulla riva del lago, dove il sottobosco lasciava posto a uno spicchio di spiaggia. La superficie era quasi immobile, fatta eccezione per uno scrosciare quasi impercettibile e un incresparsi leggero, e lasciava che le montagne si rispecchiassero sulle sue acque limpide. Qualche nube sfilacciata si attardava fra gli alberi, spostandosi pigra nell'aria.

La magia del momento fu presto spezzata dall'arrivo della contessa Esterházy, che ansimava affannata dopo la scarpinata imprevista. La nobildonna si tenne in disparte e tornò a ricorrere al ventaglio, ma senza perderli di vista un solo istante.

«Preferirei affrontare Napoleone in battaglia piuttosto che l'etichetta di corte», mormorò Franz a Sissi e lei rise.

«Qui sembra quasi di camminare sull'acqua», gli disse, quasi gli affidasse un segreto, e per qualche istante rimasero entrambi in silenzio ad ammirare il paesaggio davanti a loro. Non c'era niente di più distante dalle regole della corte, dai formalismi e dell'etichetta, attorno a quello specchio d'acqua. Non esistevano titoli nobiliari e privilegi. Erano entrambi ospiti della natura.

Franz abbassò la testa. «Voglio dirvi la pura verità», iniziò. «Non sarà facile a Vienna, per voi.»

Sissi lo guardò. «Per Vienna intendete la corte... o voi stesso?»

«Sì, anche me stesso, temo», rispose lui con un accenno di sorriso. Poi alzò un lembo della giacca dell'uniforme e le porse un magnifico diadema di diamanti. «Permettete?»

Stupita, Sissi annuì e chiuse gli occhi. Fu percorsa da un brivido, quando Franz glielo posò delicatamente in testa, e non avrebbe saputo dire se fosse per il significato di quel gesto o per l'istante in cui le mani dell'imperatore avevano sfiorato il suo viso. Restarono entrambi immobili, sotto lo sguardo maestoso delle montagne. E della contessa Esterházy.

«Siete coraggiosa», mormorò infine Franz, prendendole le mani. E Sissi si augurò che avesse ragione.

Capitolo 10

«Sissi!»

Non appena sentì la voce della madre, Elisabeth nascose sotto il cuscino la carta che stava osservando. Proveniva dal mazzo che le aveva mostrato la sorella, il giorno in cui le aveva indicato l'ubicazione della camera da letto della coppia imperiale.

Era la carta che raffigurava un uomo circondato da donne nude, la stessa che le ricordava la scena intravista in una delle stanze di Ischl, quando le era parso di riconoscere l'imperatore senza nulla addosso, circondato da ragazze altrettanto svestite, sulle lenzuola del grande letto. Sissi non riusciva a smettere di fissarla, quasi sperasse di trovarci una risposta a tutti i suoi timori. Sul sei di quadri, l'uomo dalle fattezze orientali sollevava le gambe di una donna per penetrarla, mentre un'altra donna dietro di lei li osservava. Era un'immagine che la inorridiva e la terrorizzava, ma al tempo stesso le procurava un brivido di eccitazione e impazienza.

«Sissi!» esclamò Ludovika, entrando nella stanza. «Non sei ancora vestita?» chiese esasperata, quando la trovò in sottoveste.

La ragazza le mostrò il ricamo che aveva preso in mano subito prima che la porta si aprisse. «Devo finire questo, mamma.»

«Lascia stare. Fra un'ora sarà servita la cena.»

«Non lo vedrò per molto tempo», insistette Elisabeth e lanciò un'occhiata perplessa al fazzoletto su cui stava prendendo forma il ramo di un fiore azzurro. «Voglio fargli un bel regalo.»

«Non si fa aspettare l'imperatore. E tua zia ancor meno di lui.»

Sissi esitò per qualche istante, poi posò bruscamente il ricamo e si fece coraggio. «Passerò già stasera la notte con Franz?» chiese tutto d'un fiato.

«Ovviamente no», rispose la madre, con una risatina stupita. «Quello succederà solo dopo il matrimonio. Non preoccuparti», aggiunse, quando vide l'espressione terrorizzata sul viso della figlia. La raggiunse e le prese il volto fra le mani, in uno dei rari momenti di tenerezza fra loro. «Franz saprà che cosa fare.» Sissi sorrise e la strinse, appoggiando la testa contro la sua spalla. Una parte di lei avrebbe voluto che quell'abbraccio durasse per sempre, che niente la costringesse mai ad abbandonarlo. Un'altra parte non riusciva a smettere di pensare a piaceri proibiti che sembrava suggerire la carta sotto il cuscino

«Ora vestiti», disse la madre, staccandosi da lei e tornando al tono autoritario di sempre, ma con un sorriso affettuoso. «E vieni giù da noi.»

La luce della sera gettava gli ultimi bagliori azzurrini nello studio del castello, dove l'imperatore si era rinchiuso per studiare alcuni documenti. Neanche il fidanzamento poteva tenerlo lontano dal complesso scacchiere politico europeo e la visita che stava per ricevere l'avrebbe dimostrato. Per il momento, però, il buon umore che gli aveva lasciato la breve gita con Sissi riusciva a far sembrare tutto distante e di poca importanza. Come i soldatini in miniatura che lui e i suoi comandanti spostavano sulle mappe per discutere di alleanze e strategie.

Qualcuno bussò alla porta. Franz alzò gli occhi stanchi e vide entrare il conte Grünne.

«Un inviato dello Zar di Russia», annunciò Karl.

«Per me? Qui?» chiese il Kaiser stupito. «Fallo entrare.» Ripose le proprie carte e si alzò, per andare incontro all'ospite. Una visita dell'inviato dello Zar lì a Possenhofen poteva significare solo che si preparava qualcosa di grave. I rapporti fra Austria e Russia erano diventati più tesi, negli ultimi tempi, nonostante il debito di riconoscenza nei confronti dello Zar, il cui aiuto era stato fondamentale per reprimere la rivolta ungherese.

Il russo entrò a passo militare e si fermò a qualche metro dall'imperatore, poi si inchinò. «No, vi prego», lo interruppe Franz.

«Maestà, lo Zar Nicola vi invita a tenere fede al patto di alleanza», scandì a chiare lettere l'inviato, senza alzare la testa o incrociare lo sguardo dell'imperatore. Poi gli tese la missiva che era lì per recapitare.

Franz la prese, ruppe il sigillo e la lesse rapidamente. «Guerra agli ottomani», disse. Grünne, fermo sulla soglia, si irrigidì appena. «Ha già mobilitato le forze?»

«Questo oltrepassa la mia conoscenza, purtroppo», rispose l'altro.

L'espressione sul viso del Kaiser cambiò, rapida come il cielo di montagna all'avvicinarsi di una tormenta. Ogni cordialità era scomparsa e iniziava ad affiorare una rabbia gelida. In un attimo afferrò l'uomo per il collo e lo sbatté con violenza sul tavolo, facendo tremolare la luce delle candele. «Siete il nipote dello Zar, non ditemi che non lo sapete», tuonò, premendogli una mano sulla testa. «Rispondetemi, e subito!»

«Sì, ha già mobilitato le forze», rispose il russo con voce strozzata.

Franz lo sollevò dallo scrittoio e lo sbatté a terra. L'inviato dello Zar si ricompose rapidamente e tornò ad assumere una posizione impeccabile, il copricapo infilato sotto il braccio, ma negli occhi ora brillava una luce feroce.

Il Kaiser mosse alcuni passi verso di lui. «Riferite questo, a vostro zio: mi sposo e non funesterò le nozze combattendo gli ottomani in una guerra imposta.»

Sulla soglia, Grünne sussultò.

«Riferirò, Vostra Maestà», rispose il russo, prima di inchinarsi e uscire.

Non appena se ne fu andato, Franz tornò alle proprie carte, sforzandosi di ritrovare la calma. Grünne lo raggiunse.

«Senza l'aiuto dello Zar non avreste mai represso la rivolta in Ungheria», gli ricordò.

«Avrebbe dovuto chiedere il mio aiuto prima di mobilitare le sue truppe», rispose Franz.

«State scherzando col fuoco.»

Il Kaiser alzò lentamente la testa e lo fissò negli occhi «La mia decisione è questa.»

Le fiamme crepitavano vivaci nel camino del salone e rischiaravano le posate d'argento, ma non bastavano a smorzare la tensione attorno al tavolo imbandito. L'arciduchessa Sophie, Franz, Grünne e la contessa Esterházy cenavano insieme a Ludovika e alle due figlie, Helene ed

Elisabeth. Il posto a capotavola di fronte al Kaiser, però, era rimasto vuoto.

Sissi doveva sforzarsi di mangiare e ogni boccone le si incastrava in gola, per l'ansia. L'assenza del padre non facilitava certo le cose e benché nessuno l'avesse commentata esplicitamente, sembrava aprire una crepa sempre più profonda fra i due rami della famiglia. Sissi aveva l'impressione che prima o poi avrebbe finito per inghiottirla. Accanto a lei, Franz sembrava altrettanto nervoso e non aveva quasi toccato la zuppa che aveva nel piatto.

«A Vienna sarete accolte con esultanza», annunciò l'arciduchessa Sophie. «Franz ha organizzato molte cose.»

«Oggi è il suo onomastico», le ricordò il figlio.

«Un'imperatrice è tale ogni giorno», rispose l'arciduchessa. Perfino nel contesto intimo e semplice del castello di Possenhofen, Sophie era regale e impeccabile come sempre. La sua sola presenza rendeva le stanze più lussuose e sofisticate.

L'arrivo del duca Maximilian interruppe il conversare rilassato degli astanti. I gesti dei commensali si irrigidirono appena, mentre lui prendeva posto a capotavola con aria infastidita.

«Che cosa mi sono perso?» domandò e in tutta risposta ottenne uno sguardo di rimprovero dalla moglie e dalle figlie.

«Ci onorate della vostra presenza», lo schernì con eleganza Franz, sollevando il cucchiaio con le dita sottili. «Mi fa piacere.»

«Piacere mio», ribatté il duca e iniziò a servirsi.

«Amate la musica a quanto si dice», riprese il Kaiser, con un'espressione affabile dipinta sul viso.

«Si dice il vero.»

«E vi trema il cuore per uno strumento», insistette.

«Ah sì? Per quale?»

«La cetra.»

«Eccellente strumento», concordò il duca.

Sissi iniziò a rilassarsi. L'avversione del genitore alle nozze la addolorava più di quanto sarebbe mai riuscita a dirgli e sentire i due uomini più importanti della sua vita che conversavano con voce tesa, ma apparentemente cordiale, significava molto per lei.

Il Kaiser si portò il cucchiaio alla bocca con un sorriso indecifrabile. «Per questo vi chiamano il 'Duca Tremante'?» chiese.

Attorno alla tavola calò il gelo. Il duca, che aveva sollevato il coperchio per servirsi, lo riabbassò con più forza del necessario. I domestici assistevano muti e immobili alla scena.

Franz si guardò attorno con un'espressione di finta innocenza. «Lo chiamano così, giusto?»

Sissi sospirò, il cucchiaio fermo nell'aria. Nessuno rispose. Nella sala per qualche istante si sentì solo il crepitare del fuoco nel camino.

«Che cosa intendete?» tuonò infine il duca.

Ludovika gli sfiorò il braccio con le dita gelide. «Max, ti prego.»

«Siete noto per le trepidazioni che nutrite», rispose impassibile Franz. «Ma con me non dovete averne, siete libero di dire ciò che volete. Non pregiudicherà il fidanzamento con vostra figlia.»

«Bene», rispose Maximilian. «Allora parliamo. Ma non qui.»

E si alzò facendo tremare le posate. L'imperatore lo imitò, si scusò e lo seguì fuori.

«Mmmh, gelatina?» La voce imperturbata della contessa Esterházy ruppe l'imbarazzo generale, sopra i passi imperiosi dei due uomini che si allontanavano.

«Di maiale», le diede corda Grünne, anch'egli impassibile.

«È fatta in casa», si affrettò a rispondere Ludovika, con la voce appena incrinata dalla tensione. «È la preferita di Néné.»

«Di Sissi», la corresse gelida la figlia maggiore.

E l'imbarazzo tornò a regnare a tavola.

Capitolo 11

Sissi non dovette cercare a lungo il padre e l'imperatore. Le loro urla riecheggiavano nei corridoi del castello, guidandola come un faro in una notte buia.

«...tutti privilegi che la rivoluzione ha abolito!» tuonò il duca Maximilian. «Dovreste sentire ciò che si dice di voi nelle osterie, nelle strade, nelle botteghe degli artigiani!»

«Tenete a freno la lingua!» gridò il Kaiser.

Un attimo dopo la porta si aprì e Sissi vide uscire Franz Non appena si accorse di lei, l'imperatore si fermò. Quando parlò non c'era più traccia della rabbia che gli era risuonata nella voce poco prima.

«È stato bello vedervi, duchessa.»

«Volete partire?» chiese Sissi, mortificata.

Franz abbassò appena la testa. «Vi chiedo perdono.» E se ne andò senza una parola di più.

All'improvviso Elisabeth si ricordò. «Il vostro regalo!» gli gridò dietro. Le rispose il suono di una porta sbattuta con violenza. «Avevo un regalo per voi», mormorò fra sé, mesta.

Quando si metteva in testa qualcosa, però, era quasi

impossibile farle cambiare idea. Lo sapeva bene anche il padre, in realtà, che era appena uscito dalla stanza in cui aveva avuto luogo la discussione e guardava la figlia scappare via da lui, senza poter far niente per fermarla.

Sissi corse in camera, afferrò il fazzoletto che aveva terminato di ricamare e un attimo dopo fu fuori. Arrivò in tempo per vedere la carrozza imperiale che si allontanava lungo il viale del castello, seguita dal lungo corteo delle guardie. Furiosa, tornò dentro e si fiondò nello studio del padre, il fazzoletto raggomitolato fra le dita.

«Di che cosa avete discusso?» lo affrontò. «Che cosa gli hai detto?»

«Che non intendo venire a Vienna, al vostro matrimonio», rispose il padre in tono deciso.

La sorpresa le tolse il fiato per un attimo. Non riconosceva più il genitore affettuoso con cui era andata tanto spesso a caccia o a passeggiare in montagna. L'uomo che amava il circo, la musica e la vita senza costrizioni. Non c'era più traccia di tenerezza adesso su quel viso duro.

«Che cos'hai contro Franz?» gli chiese. «Nemmeno lo conosci.»

«Franz rappresenta il contrario di quello che ti ho sempre insegnato.»

«Ma lui può anche avere altre idee.»

Il padre esplose in uno sbuffo sarcastico. «No. Soffocherà le tue. E se non lo farà lui, ci penserà l'etichetta di corte.»

Sissi lo sfidò con lo sguardo per qualche istante. «Niente può cambiarmi», disse infine, prima di lasciare la stanza.

«Sissi! Dove stai andando?» la chiamò inutilmente il duca.

* * *

Il cavallo era lanciato al galoppo nell'ultima luce rosata del giorno, gli zoccoli che facevano tremare il sentiero deserto. Poteva ancora fermarlo, pensava Sissi, china sulla criniera dell'animale. Poteva ancora raggiungere la carrozza e convincere Franz a tornare indietro. O almeno consegnargli il suo regalo, perché sapesse che aveva pensato a lui per tante ore, mentre lavorava con l'ago. Era certa che vedere il fiorellino che aveva ricamato con tanta cura sarebbe servito a calmarlo e a far sbollire la rabbia.

Nel frattempo, più avanti lungo la stessa strada, l'imperatore dava ordine di fermare la carrozza nella piazza di Starnberg. I lampioni gettavano una luce tremula sull'acciottolato lucido, inumidito da una pioggerella fina e sottile. La piazza era deserta e la nebbia che si raccoglieva negli angoli ovattava ogni suono. Le luci alle finestre delle case erano ormai tutte spente, tranne quelle del palazzo in fondo alla piazza, che brillavano di un rosso acceso.

Fu proprio lì davanti che si fermò la carrozza e il nitrito dei cavalli imperiali riecheggiò fra gli edifici silenziosi. Il conte Grünne scese e si diresse alla porta.

L'aria calda all'interno gli investì il viso, scacciando ogni ricordo del freddo della strada. Una volta dentro fu accolto da risate femminili e luci soffuse. Le scale che portavano al piano superiore e il ballatoio erano affollati di uomini in compagnia di ragazze semisvestite, qualcuna che fumava e rideva, qualche altra intenta a bere un bicchiere di liquore con lo sguardo distante e una lunga collana di perle che oscillava sul seno scoperto.

Grünne entrò a passo deciso.

«Spero che abbiate un buon motivo per presentarvi qui così», lo apostrofò una donna più matura delle altre, sbarrandogli il passo. Era pesantemente truccata e aveva un'espressione tronfia e scaltra, sotto le grosse piume nere che completavano l'acconciatura.

Grünne non aveva tempo da perdere. «Sua Maestà vuole fermarsi da voi.»

«Sua Maestà?» ripeté lei, con un sorriso scettico sulle labbra.

«Il Kaiser ha idee ben precise.»

«Il Kaiser», sussultò la donna e non tardò a riprendersi dallo stupore. «Fanny!» chiamò con voce decisa.

Un attimo dopo una ragazza si fece strada fra le altre e scese le scale, fermandosi qualche scalino sopra il conte. Aveva un fascino un po' selvaggio, i capelli arruffati color rame sparsi sopra le spalle nude, il passo strascicato, un abito nero che ne metteva in risalto la vita sottile e una mascherina nera a coprirle il viso.

«Tutti i clienti sono pregati di lasciare questo posto», ordinò Grünne, poi si rivolse alla tenutaria, ancora incredula. «C'è un medico qui? Fatelo venire a visitare la signorina», aggiunse frettoloso, dopo aver ottenuto un cenno d'assenso. «Subito.»

Un attimo dopo nel bordello risuonarono urla e passi affrettati, mentre le guardie dell'imperatore portavano fuori i clienti, spingendo malamente per le scale i più restii a interrompere a metà ciò in cui erano affaccendati o a rinunciare alla ragazza che avevano appena scelto per la serata.

Sissi rallentò il cavallo ed entrò nella piazza proprio mentre un gruppo di ragazze si allontanava correndo fra le risate. Altre erano rimaste nei pressi del postribolo e scherzavano con le guardie, che sorvegliavano l'ingresso alla luce delle torce.

«Ora sono in servizio», stava dicendo uno, mentre faceva scorrere lo sguardo sul corpo delle donne. «Potrei tornare domani.»

«Potresti provare qualche nuovo giochetto», gli rispose ridendo una ragazza in una veste bianca, che lasciava scoperta una porzione generosa di scollatura. «Ne conosco tanti.»

«Allora tornerò.»

Sissi sollevò il cappuccio del lungo mantello scuro, passò loro accanto senza farsi notare e girò l'angolo del palazzo. Quando fu certa che nessuno potesse vederla, si sollevò in piedi sulla sella, si aggrappò al davanzale e sbirciò dentro una finestra da cui arrivavano bagliori rossastri. Nonostante il silenzio e l'assenza di clienti, non tardò a capire di che posto si trattasse. In piazza risuonò una risata sguaiata.

Sissi tornò ad abbassarsi sulla sella e svoltò l'angolo giusto in tempo per riconoscere Grünne che usciva e si dirigeva verso la carrozza, guardandosi attorno. Un attimo dopo anche l'imperatore emerse a passo rapido. Nascosta nell'ombra, Sissi intravide il viso di Franz, prima che lo sportello della carrozza si chiudesse, quel tanto che bastava per accorgersi che non c'era più traccia della rabbia di poco prima.

Tirò fuori da sotto il mantello il fazzoletto e guardò il piccolo fiore azzurro ricamato in un angolo. Poi attese che la carrozza si fosse allontanata, spronò il cavallo e si diresse verso il portone del palazzo.

Capitolo 12

«COME posso aiutarvi?» chiese la tenutaria del bordello con un sorriso incuriosito.

Sissi abbassò il mantello e si guardò attorno, timorosa. Dal piano superiore arrivavano gemiti inequivocabili, anche per una giovane inesperta come lei. E se le fosse rimasto qualche dubbio, la ragazza che la fissava dall'alto delle scale, sventolando il ventaglio seminuda, lo scacciò definitivamente.

«Sicuramente non siete venuta qui per cercare lavoro», proseguì la donna dopo averla squadrata, le lunghe piume nere che sussultavano a ogni movimento del capo.

«No, no, io...» Sissi incespicò con le parole. «Io vorrei...»

Con le dita tremanti, estrasse due monete d'argento dalla borsetta raffinata e le posò su un tavolino rotondo. La donna le guardò, sempre più intrigata da quella visita insolita. Era senza dubbio una serata fuori dal normale.

«A che cosa vorreste destinarli?» chiese.

Sissi rise e scosse la testa, imbarazzata dal sottinteso. Alzò gli occhi verso il piano superiore, dove i gemiti affannati erano diventati sempre più rapidi e rumorosi.

Si chinò verso la donna. «L'imperatore è stato con.. » mormorò.

La tenutaria scosse la testa con decisione. «Mi dispiace, ma non posso dirvi nulla al riguardo.»

Senza pronunciare una parola, Sissi posò sul tavolino l'intera borsetta. La donna la fissò a lungo, poi sospirò, prese una candela e la precedette su per le scale. «Quando si spegne questa», le disse, fermandosi davanti a una porta e passandole il corto moccolo, «il vostro tempo è finito.»

Poi bussò brevemente e aprì senza aspettare una risposta.

Sissi entrò esitante, reggendo la candela. La stanza era immersa nel caos e nella semioscurità, il letto coperto di vestiti gettati alla rinfusa, le pareti dalla tappezzeria scura costellate di quadri di dubbio gusto. Seduta alla toeletta, la ragazza dai capelli arruffati che era stata prescelta per accontentare il Kaiser fumava una sigaretta da un lungo bocchino, con addosso soltanto un corpetto nero. Portava un nastro sottile di velluto nero al collo, insieme a un grosso ciondolo, e un altro nastro le cingeva le gambe snelle, come una giarrettiera. Quando la sentì entrare, si voltò e la fissò con aria interrogativa, in attesa. Dietro il pesante trucco nero, lo sguardo era penetrante.

Sissi non si mosse.

«Lui...» esitò, cercando le parole. «Il Kaiser ha trovato i vostri servigi... di suo gradimento?»

L'altra la squadrò. «Perché vi interessa?»

«Sarò sua moglie», rispose Sissi con franchezza e la prostituta sgranò gli occhi. Le capitava raramente che qualcuno entrasse da quella porta e riuscisse a stupirla. Non ricordava neanche più quando era stata l'ultima volta che era successo, ma era certa che non fosse stata una sorpresa gradevole. Fissò quella strana ospite, incuriosita. «Io vorrei evitare...»

Fanny appoggiò la sigaretta e la raggiunse. «Evitare di deluderlo?» mormorò. Poi le prese la candela di mano e la posò sul tavolo. Le fece segno di avvicinarsi e quando Sissi le fu accanto, le sfilò piano il mantello nero. La futura imperatrice si sedette sul letto, esitante.

«L'imperatore ha buon gusto», commentò la prostituta, osservandola. «Vi ha fatto aspettare nella carrozza?»

«No. Non sa che sono qui.»

Fanny si sedette dietro di lei e si sporse in avanti. Il suo viso era così vicino che Sissi sentì l'odore di fumo nel fiato della ragazza, insieme a quello dolciastro di un profumo dozzinale.

«Conoscete il vostro corpo?» chiese la prostituta a un soffio dalle sue labbra.

«Prego?» rispose Elisabeth con un filo di voce.

Fanny le passò la punta delle dita alla base del collo e poi scese lentamente verso la scollatura. «Volete sapere che cosa gli piace? E a voi che cosa piace?»

Sissi era immobile, non osava quasi respirare. A ogni gesto della donna sentiva un brivido di piacere percorrerle l'intero corpo, così intenso da cancellare ogni pensiero e confonderle i sensi. «A me?»

«Sì, a voi.» Le dita si spostarono sotto il mento, senza smettere di muoversi lente e sfacciate. «Volete servirlo o volete amarlo?»

«Ovviamente amarlo», rispose la futura imperatrice, con la voce che tremava appena.

Fanny si fece ancora più vicina. «E credete che per farvi amare basti dargli piacere? Non è così che funziona», disse con voce roca. «Tutti compiacciono il Kaiser e lo fanno perché lui si senta tale. Se volete essere amata, dovrete fare ben altro.»

«Che cosa?» mormorò Sissi.

La prostituta le passò le dita sulle labbra, esplorandola senza pudore, incoraggiata dalla sua arrendevolezza. La mano percorse la piccola sporgenza della clavicola in tutta la sua lunghezza e tornò a scendere sulla pelle candida della scollatura, mentre avvicinava le labbra alle sue. Le posò un dito sulla guancia, per costringerla a girarsi, e proprio quando Sissi era convinta che l'avrebbe baciata, la luce che le tremolava addosso si spense.

«Scaduto», disse Fanny, staccandosi bruscamente da lei.

Sissi ebbe bisogno di qualche secondo per riprendersi. Guardò la candela, da cui si sollevava un filo di fumo nero. «Il tempo? Di già? Ditemi di più.»

La prostituta tornò alla toeletta. «Il tempo costa, se volete approfittare del mio, dovete pagarmi.»

Elisabeth si alzò. «Tu sei proprio una...» Si trattenne a stento.

L'altra le rivolse un sorriso sarcastico. «So bene chi sono, signorina, e ora fuori. Il tempo è finito.»

Sissi prese la mantella e uscì. Fuori dalla porta, però, si fermò un attimo per sentirla cantare. Era una canzone lenta e malinconica, e aveva qualcosa di disperato.

«Ich bin nun wie ich bin, ich bleib bei meiner Mode…»

Elisabeth la ascoltò pensierosa e sulle labbra le si dipinse un sorriso.

Io sono chi son io e resto a modo mio...

Capitolo 13

Palazzo imperiale, Hofburg, Vienna

I PASSI decisi del conte Grünne risuonarono rapidi sui marmi della Hofburg, il vasto palazzo imperiale che da secoli era la sede di re e imperatori. Non appena avanzò verso le porte della sala delle conferenze, le due guardie le spalancarono per lasciarlo entrare.

«Vostra Maestà», esordì chinando il capo. «Lo Zar ha disposto le sue truppe al confine.»

Fra i ministri e le autorità militari raccolti attorno al tavolo dell'imperatore corse un fremito preoccupato. Anche l'arciduchessa era presente alla riunione. Si teneva in disparte, immobile, e assisteva in silenzio.

«Che cosa vuole?» chiese Franz Joseph, imperturbabile.

«Che si tenga fede all'alleanza.»

L'imperatore si prese solo pochi secondi per riflettere. «Schiera il nostro esercito», rispose poi. «E inviagli un ultimatum: che si ritiri subito dai principati danubiani.»

Le espressioni attorno al tavolo erano sempre più allarmate. I ministri si scambiavano occhiate interrogative, qualcuno scuoteva la testa, senza nascondere la preoccupazione. Nessuno però si azzardava a contraddirlo.

Fu il ministro delle Finanze che si decise a prendere la parola. «Che cosa intendete fare?» chiese agitato.

«Occuparli», rispose l'imperatore in tono irritato, prima di alzarsi. «Lo Zar impegnerà tutte le sue forze per difendersi dagli ottomani. Non potrà attaccare anche noi.»

«Dovreste trattare con lui», azzardò Grünne. Il conte non sottovalutava il pericolo rappresentato dalla rottura dei rapporti con i russi, nell'attuale scenario politico. Le province austriache della Lombardia e del Veneto diventavano sempre più difficili da difendere e le ambizioni di Napoleone III rendevano i giochi diplomatici infidi e pericolosi.

«Vale a dire stare al suo gioco!» esclamò il Kaiser. Si rendeva conto di perdere rapidamente il controllo della situazione e questo invece di renderlo più prudente lo spingeva a usare le maniere forti, nell'illusione di riuscire a recuperare il potere sul suo impero. Per lui i ribelli erano come cani randagi: avrebbero capito rapidamente le bastonate, ma se si fosse azzardato ad allungare un pezzo di carne, gli avrebbero azzannato il braccio.

«Rendendolo nostro nemico, resteremo soli in Europa», gli fece notare il conte. «La Sardegna mira ai nostri territori in Lombardia. Fiancheggiano gli alleati contro lo Zar per poi rivolgersi contro di noi.»

«La mia decisione è questa. Andate pure», concluse Franz e appoggiò i pugni sul tavolo perché fosse chiaro che la riunione poteva considerarsi conclusa.

Non appena fu rimasto solo con la madre, cercò di controllare la rabbia per qualche istante e infine esplose, sbattendo a terra alcuni vassoi d'argento.

Sophie lo raggiunse, si portò dietro di lui e gli posò le

mani sulle spalle. «Le emozioni sono un segno eloquente di debolezza», gli ricordò piano.

Franz si voltò verso di lei. La madre gli passò la mano sul viso e con un dito gli sollevò il mento, prima di uscire dalla stanza.

Capitolo 14

Castello di Possenhofen, Baviera

Era un magnifico pomeriggio di sole e per Sissi era una tortura dover restare chiusa dentro, imprigionata fra le mani del sarto, che apportava gli ultimi aggiustamenti alla crinolina, e le direttive della madre, che pretendeva che lei scegliesse al più presto una dama di compagnia. L'unica nota di allegria era il pappagallo variopinto dono dell'imperatore, sistemato dentro la gabbia in un angolo della stanza.

«La prossima, prego», chiamò la duchessa Ludovika.

«La prossima, prego. La prossima, prego», le fece eco il pappagallo.

«La contessa Ottilie von Düchtel», lesse la duchessa, annunciandola.

La giovane arrivò sulla porta e si esibì in un inchino particolarmente goffo, che strappò un sorriso e uno scambio di sguardi complici fra madre e figlia.

Sissi sospirò. «Parlate ungherese?» chiese.

«Sì, certo», rispose la giovane.

«Boemo?»

La ragazza sembrò spiazzata. «No.»

«Temo che non mi siate utile. Potete andare», la congedò Elisabeth.

«La prossima, prego», cantò il pappagallo.

«Mamma...» si difese Sissi, sotto lo sguardo esasperato di Ludovika. «Ce l'avrò sempre accanto.»

La ricerca di una damigella procedeva ormai da giorni, ma sembrava che nessuna delle candidate soddisfacesse i requisiti della futura imperatrice. Qualcuna era troppo timida, qualche altra troppo altezzosa, qualcuna troppo goffa e qualche altra troppo intraprendente. Tutte le ragazze che avevano varcato la porta del castello erano uscite dopo essere state scartate. Forse perché neanche Sissi avrebbe saputo dire con esattezza in che cosa consistessero esattamente i requisiti che cercava. La verità era che la terrorizzava la prospettiva di ritrovarsi alla residenza di Vienna da sola, senza la sua famiglia. Aveva un disperato bisogno della presenza di qualcuno che la rassicurasse e la facesse sentire meno inadeguata possibile.

«Sissi, dev'essere una dama che si conviene a un'imperatrice», le ricordò la madre. «Non lo capisci? Sarai sotto gli occhi del mondo intero. Se non te ne piace nessuna, sarà tua zia a sceglierti la damigella. E rimpiangerai di non avere... Ottilie von Düchtel accanto a te», concluse a voce più bassa, mentre tornava a consultare l'elenco che teneva fra le mani.

La figlia la guardò sgomenta. «È così tremenda?»

«È peggio», rispose Ludovika. «La prossima, prego.»

«La prossima, prego», gracchiò il pappagallo.

«La contessa...» lesse Ludovika. «Gerlinde von Blödo.»

Entrò una ragazza scialba, dal viso inespressivo, che si prodigò subito in un inchino. Ma ormai era tardi. Sissi aveva già capito dove avrebbe trovato la sua damigella. Ed era sicura che il suo nome non comparisse sull'elenco fra le mani della madre.

«Oh sì, così. Oh sì, ancora!»

Sissi si appoggiò alla parete fuori dalla stanza del bordello di Starnberg e sospirò. Oltre la porta, i gemiti non davano segno di voler smettere, anzi, aumentavano di intensità. Quando si fu stufata di aspettare, bussò con decisione.

«Rivestitevi», urlò, «vostra moglie è qui!»

In una manciata di secondi, l'autore dei gemiti di poco prima usciva affannato dalla porta, imprecando e allacciandosi i pantaloni.

Sissi lo guardò scendere le scale ed entrò nella stanza.

Trovò Fanny in ginocchio sulle lenzuola stropicciate, intenta a sistemarsi la giarrettiera. La stanza era di nuovo nel caos, ma alla luce del sole i quadri alle pareti sembravano meno osceni e lascivi. Nell'aria c'era un odore acre di fumo e sudore.

«Non puoi scacciare i miei clienti così», la accolse la prostituta, irritata. «Se si sparge la voce?»

«Non dovrai più averne di clienti», rispose Sissi con un gran sorriso. «Verrai a corte con me. Come mia damigella.»

Fanny scoppiò a ridere e si accasciò sui cuscini. «Io? Una damigella!»

«L'hai detto tu, tutti vogliono compiacere il Kaiser.»

L'altra bevve un lungo sorso di liquore. «Non era questo che intendevo.»

«Che cosa preferisci? Irretire uomini qui o alla corte imperiale d'Asburgo?»

«Perché io?» chiese la ragazza, ancora scettica.

«Puoi insegnarmi tutto ciò che devo sapere», rispose

Elisabeth. «Dovrai essere sempre sincera. Voglio una persona di cui fidarmi, non una serva.»

Fanny si stese sul letto a pancia in giù e la guardò con un sorriso scaltro. «E io che cosa ci guadagno?»

«Sarai adeguatamente ricompensata.»

«Quanto?»

«Assai di più di quanto hai guadagnato fino adesso», le assicurò Elisabeth.

«E come si fa con l'imperatore? Se mi riconosce?»

«Impossibile, se vestirai da vera signora.» E quando ebbe terminato di dirlo, batté con forza le mani.

Un istante dopo, un piccolo corteo di servitori entrò nella stanza, carico di scatole e bauli, sotto lo sguardo compiaciuto e divertito della futura imperatrice.

«Mamma, ti presento la contessa Franziska von Lotti», annunciò Sissi qualche ora più tardi, entrando nel salone del castello.

Fanny la seguiva a qualche passo di distanza. Struccata, i capelli ramati raccolti in un'acconciatura umile, il fisico formoso stretto in un elegante abito grigio con un colletto di pizzo bianco, la ragazza era davvero irriconoscibile. Perfino l'atteggiamento era diverso e sembrava avere perso tutta la sfacciatezza di poco prima.

«Verrà a Vienna come mia dama personale», proseguì Sissi. «La contessa parla perfettamente ungherese, boemo e croato... e sa come si gestisce una grande casa.»

La duchessa Ludovika squadrò la nuova arrivata con aria perplessa.

«Mio padre è il barone Franz von Kolowrat e mia madre la duchessa Xaverine... von Eschenbach», spiegò Fanny, incespicando nel nome che si era esercitata a pronunciare un'infinità di volte al bordello, mentre Sissi la aiutava a vestirsi.

«Il barone von Kolowrat?» Ludovika sembrava poco convinta. «Quindi, voi siete la figlia di terzo letto?»

Fanny annuì con sicurezza, riprendendosi dallo scivolone di poco prima. «Del quarto, per la precisione.»

«E come vi siete conosciute?»

Sissi le tese una lettera. «Mi è stata raccomandata.»

«Ho sentito parlare molto della vostra famiglia», commentò Fanny, nel tono più educato che le riuscì. Anche solo restare immobile con le mani giunte era uno sforzo enorme per lei, abituata a dare sfogo alla propria irrequietezza. Per non parlare della fatica che le costava tenere la schiena dritta e non ingobbirsi.

In quel momento entrò il duca Maximilian. «Immagino sempre con grandi elogi. Non sono avvezzo all'etichetta», disse, quando Fanny si produsse in un inchino. «Quantomeno, non ancora», aggiunse con uno sguardo cupo e scolò con un gesto brusco quel che restava nel bicchiere di liquore.

«Presumo che tuo padre voglia farti le sue scuse», mormorò Ludovika a Sissi. Poi si rivolse a Fanny: «Vi farò preparare una stanza, contessa».

Rimasti da soli, Sissi e il padre quasi non incrociarono lo sguardo, entrambi a disagio. La ragazza aspettò per qualche istante e quando il genitore non si decise a parlare, delusa, uscì senza dire una parola.

Era scesa la sera al castello di Possenhofen e la luna si rispecchiava nelle acque immobili del lago, diffondendo il proprio chiarore. Dietro poche finestre brillava ancora la luce dorata delle candele e una di quelle stanze era il salone.

Sissi era accovacciata a terra davanti al camino e si godeva il tepore delle fiamme, ammirando il modo in cui si avvinghiavano irrequiete, cambiando colore e direzione di continuo. Seduto all'altro capo della stanza, ingobbito sopra un bicchiere già vuoto, il padre sospirò profondamente.

«Ho discusso con tua madre», iniziò. «In modo molto acceso.»

«Così come hai discusso con Franz?» ribatté fredda Sissi.

Il duca si alzò e la raggiunse, per poi sedersi accanto a lei. «Sei proprio sicura di voler sposare quell'uomo?» chiese, questa volta in un tono affettuoso in cui non c'era più traccia di accuse o di rabbia, solo la preoccupazione sincera di un padre.

Sissi aspettò qualche istante prima di rispondere, il viso illuminato dai guizzi dorati del camino. «Non ho mai provato nulla di simile per nessun altro», rispose infine.

Il padre sospirò. «Ti accompagnerò all'altare», disse, fissando a sua volta le fiamme. «Se in quella dannatissima chiesa vorrai dire di sì, sei libera di farlo. Ma se, in cuor tuo, avessi anche la pur minima esitazione», aggiunse, fissandola, «ti prego, di' di no. D'accordo? E io ti riporterò a casa.»

Sissi lo guardò e annuì, prima di abbracciarlo, il cuore che traboccava di riconoscenza. Era troppo giovane per molte cose, ma non per comprendere la portata dello sforzo che il padre aveva appena fatto per lei.

Capitolo 15

Le carrozze erano già pronte per il viaggio e i cavalli attendevano fermi sotto il sole, accanto alla grande fontana circolare del castello. Il giorno che Elisabeth aveva tanto temuto era arrivato. La prospettiva di andare a Vienna e affrontare tutto ciò che finora aveva solo studiato sulla carta la terrorizzava. Prima di partire, però, c'era una cosa che doveva assolutamente fare. E quando vide la sorella Helene davanti alla carrozza, impettita e composta come sempre, capì che era il momento migliore per provarci.

Accelerò il passo, lasciandosi un po' indietro Fanny, e la raggiunse.

«Néné, so di averti ferita», disse subito, senza giri di parole. «E mi dispiace. Mi sono innamorata. Spero che vorrai perdonarmi», concluse, prendendole la mano.

La sorella maggiore la fissò a lungo, poi le sistemò una ciocca di capelli dietro l'orecchio e le sfiorò il viso. «Sai che cos'è più difficile da accettare?» chiese con un sorriso triste. «Per te questa è solo una favola. Forse è vero che io e Franz non ci saremmo amati pazzamente, ma sarei stata un'ottima sovrana», disse con sicurezza. «Ed è questo l'essenziale, o no?»

Se l'avesse schiaffeggiata, per Sissi sarebbe stato meno doloroso. In quell'ultima domanda c'era la risposta a tutti i suoi timori, a tutto quello che la spingeva a chiedersi se non stesse commettendo il peggiore sbaglio della sua vita. Helene aveva ragione, sarebbe stata davvero un'ottima sovrana, di gran lunga migliore di quella che Sissi poteva mai sperare di diventare.

La sorella maggiore la fissò per un ultimo istante, poi si voltò verso il cocchiere, che le aprì lo sportello e la aiutò a salire in carrozza.

Il corteo imperiale scortato dalle guardie arrivò a Vienna accolto da una folla esultante e dallo scampanio di ogni singola chiesa della capitale. Sembrava che quel giorno tutti fossero scesi in strada: donne, uomini, vecchi e bambini. Persone di ogni età e ogni estrazione sociale si accalcavano ai bordi delle strade, impazienti di scorgere il corteo e riconoscere la carrozza di gala su cui viaggiava la futura imperatrice, trainata dai cavalli Lipizzani con i candidi pennacchi bianchi. Anche le case erano state addobbate per l'occasione ed erano un tripudio di fiori, drappi e bandiere.

Fu in quel momento, quando vide le espressioni speranzose ed eccitate sui visi di quella gente, i bambini che correvano accanto alla carrozza sperando di raggiungerla, le donne che piangevano per l'emozione, che Sissi si rese conto del vero significato del compito che la aspettava. Fino ad allora, persa fra i tanti dettagli del cerimoniale e dei suoi nuovi doveri, non si era soffermata a pensare al popolo su cui avrebbe regnato. Percorrere quelle strade affollate, però, aveva reso improvvisamente impossibile ignorarlo e quell'aspetto del suo nuovo ruolo, invece di terrorizzarla, la rassicurò. A Possenhofen era abituata a frequentare persone diverse dall'aristocrazia, conosceva il loro modo di vivere e non la spaventavano. Sospettava che si sarebbe sentita più a suo agio fra loro che fra le formalità della corte.

Le nozze imminenti non avrebbero influito soltanto sugli equilibri diplomatici e sulle possibili alleanze, avvicinando l'Austria alla Baviera come era sempre stato nelle intenzioni dell'arciduchessa. Il matrimonio del Kaiser era anche un messaggio di speranza ai sudditi dell'impero. Sarebbe servito a distrarli dalle difficoltà in cui versavano, a farli sognare e a riportare, così speravano in molti, la capitale allo splendore di un tempo. La presenza di un'imperatrice a corte inoltre induceva alcuni a pensare che il Kaiser potesse rabbonirsi, come del resto stava già dimostrando quel giorno.

«In occasione del matrimonio, l'imperatore distribuisce elemosine», spiegò Ludovika con un sorriso fiero, mentre passavano accanto ai soldati che consegnavano abiti e pagnotte alla folla.

Il viso di Helene, seduta accanto alla madre, si rabbuiava sempre di più con l'approssimarsi della fine del viaggio. A mano a mano che la carrozza si avvicinava alla residenza imperiale, la folla aumentava. La gente agitava i fazzoletti e i mazzi di fiori e lanciava esclamazioni di giubilo e di benvenuto all'indirizzo della nuova imperatrice.

A un tratto, però, le urla cambiarono.

All'inizio, all'interno della carrozza, arrivò soltanto un rumore sordo e vagamente minaccioso, ma presto fu impossibile non distinguere le parole verso il corteo.

«Via! Andatevene!»

«Non vi vogliamo!»

«Morte all'impero!»

Sissi guardò fuori dal finestrino e sussultò quando incrociò il viso distorto dalla rabbia di un uomo, che reggeva un cartello con la scritta ABBASSO L'IMPERO. I soldati respingevano i più aggressivi tenendoli indietro con i fucili, fra i fischi e le urla inferocite. Quando il primo pomodoro raggiunse il vetro della carrozza, lasciandosi dietro la sua scia rossastra, Sissi smise di guardare fuori.

«Vogliamo essere liberi!» gridava qualcuno.

«Andatevene! Abbasso l'imperatore!»

Al primo pomodoro se ne aggiunsero altri, lanciati da una folla che sembrava odiarla, ancora prima di averla conosciuta. Anziani, donne, giovani, tutti sembravano considerarla una nemica da abbattere. I cavalli si innervosirono e la carrozza iniziò ad avere difficoltà ad avanzare. L'entusiasmo di Sissi di poco prima si trasformò in terrore e la paralizzò. Solo quando Fanny allungò il braccio e le strinse la mano, riuscì a ritrovare la calma necessaria per presentarsi alla Hofburg.

Superata la zona degli scontri, la carrozza arrivò al palazzo fra due ali di folla festante. La servitù e la famiglia reale erano in attesa sul maestoso scalone, sotto il vasto affresco che decorava la volta.

La prima a scendere fu Fanny, accolta da uno sguardo di disapprovazione della contessa Esterházy, che si voltò subito verso l'arciduchessa Sophie, ricevendo un'occhiata di intesa.

Poi fu la volta di Helene, seguita da Ludovika. Infine arrivò il turno di Elisabeth.

Sissi si avvicinò allo sportello e cercò subito Franz con lo sguardo. L'imperatore era fermo al centro dello scalone, impettito e rigido nell'uniforme militare, con gli occhi fissi su di lei. Elisabeth si chinò per scendere, aiutata dal valletto, e fu allora che accadde.

Quando abbassò la testa, il diadema rotolò giù e cadde a terra ai piedi dello scalone con un suono freddo e metallico. La contessa Esterházy sussultò e si portò una mano alla bocca. Dietro di lei, l'arciduchessa rimase impassibile, ma il suo sguardo si oscurò appena. Mentre l'eco del tintinnio fra le pareti di marmo si spegneva, Franz sentì una voce gutturale che ben conosceva invadergli la mente e per una frazione di secondo la minaccia della donna ungherese dagli occhi chiari lo portò lontano da Vienna, verso quel futuro che lo terrorizzava. Ma fu solo un istante. Poi Elisabeth scese dalla carrozza e si chinò per raccogliere con grazia il diadema tempestato di diamanti. L'imperatore percorse gli ultimi scalini che li separavano e le andò incontro.

Sissi lo guardava terrorizzata e si rasserenò solo quando lui le baciò la mano nel lungo guanto bianco e le prese il diadema dalle dita per tornare a posarglielo fra i capelli. Il ricordo di quel pomeriggio al lago, quando il Kaiser le aveva sfiorato il viso per la prima volta, le diede il coraggio che le serviva in quel momento.

«Benvenuta», disse Franz.

Sissi si spostò verso Fanny. «Vostra Maestà, la mia dama di compagnia: la contessa von Lotti», disse e mentre la presentava studiò con attenzione il volto dell'imperatore, in attesa di una reazione.

Fanny si inchinò e cercò di restare a testa bassa il più a lungo possibile, ma quando la alzò incontrò comunque lo sguardo dubbioso del Kaiser.

Franz la fissò ancora per qualche istante e mentre si accingeva a salire lo scalone insieme a Sissi, si girò un'ultima volta a guardarla. Poi riprese a camminare senza dire una parola. La principessa e la damigella esultarono in silenzio e si scambiarono un rapido sguardo di intesa. Avevano cantato vittoria troppo presto, però. Nessuna delle due infatti si accorse dell'occhiata di disapprovazione della contessa Esterházy e dell'arciduchessa, al passaggio di Fanny. La ragazza poteva anche avere ingannato la duchessa Ludovika, ma superare l'esame della corte di Vienna sarebbe stato tutta un'altra faccenda.

Franz guidò Sissi verso gli appartamenti imperiali, fra le tappezzerie pregiate, i quadri e le porcellane cinesi scelte personalmente da Sophie per arredare le stanze in cui avrebbero alloggiato gli sposi. C'era perfino un servizio da toeletta di oro massiccio. Gli aristocratici di corte si inchinavano rispettosi al loro passaggio.

Quando Fanny fece per seguire la coppia nel salone, però, le guardie le sbarrarono la strada. «Aprite i bagagli, prego», ordinarono.

La ragazza si agitò. «Perché vi interessano i miei bagagli?»

«Abbiamo l'ordine rigoroso di controllarli tutti. Eccetto quelli della duchessa.»

Nel frattempo, Sissi era troppo occupata a cercare di non commettere altri errori per accorgersi che Fanny aveva smesso di seguirla e anche quando la vide oltre la soglia, non poté fare niente per evitarlo.

«Il mio cameriere personale, Eugen Ketterl», disse Franz, presentandola ai domestici. «La vostra prima cameriera, Fredericke von Grafenstein.»

«Molto lieta», rispose Elisabeth e nella confusione si dimenticò di ordinare alla giovane donna di rialzarsi dopo l'inchino, finché il Kaiser non glielo fece notare con un cenno discreto del capo. «Ah! Vi prego, alzatevi!» esclamò allora, mortificata.

«Maestà, c'è ancora molto da fare», intervenne Ketterl.

Franz annuì. «Vi prego di scusarmi», disse a Sissi e le baciò la mano prima di allontanarsi.

In quel momento, una delle guardie che perquisiva i bagagli della damigella dell'imperatrice estrasse da una custodia di velluto un oggetto dalla forma cilindrica e dalla punta arrotondata. «Questo cos'è?» chiese.

«Questo?» rispose lei con aria innocente, poi si avvicinò per sussurragli all'orecchio. «È per la grazia della sovrana. Per arricciarle i capelli.»

Capitolo 16

Il 24 aprile 1854, nella chiesa degli Agostiniani illuminata a giorno da migliaia di candele, l'arcivescovo di Vienna, il cardinale Rauscher, celebrò le nozze tanto attese.

Sissi avanzò lungo la navata con la mano su quella del padre, sulle note solenni del *Kyrie eleison*, in un abito bianco e vaporoso dal corpino sfarzoso, con una decorazione floreale intessuta d'oro e d'argento, e un lungo strascico che sembrava catturare la luce soffusa all'interno della chiesa. Sull'acconciatura elaborata spiccava il diadema di diamanti dono del Kaiser.

La chiesa era un trionfo di lusso e colori, e di gioielli dal valore incalcolabile che facevano vibrare l'aria di riflessi preziosi. La nobiltà raccolta per l'occasione seguiva con lo sguardo la giovane che aveva fatto parlare i salotti di tutta l'Austria per settimane e perfino chi continuava a ritenerla una sposa poco adatta all'imperatore dovette ammettere che era di una bellezza e una grazia fuori dal comune.

«Sei libera di scegliere», sussurrò il duca Maximilian sporgendosi verso di lei, poco prima di arrivare all'altare.

A pochi passi però c'era Franz Joseph, bellissimo nella

giacca bianca dell'uniforme tesa sulle spalle larghe, le numerose onorificenze che gli scintillavano sul petto e la lunga spada affilata appesa al fianco. Sissi sarebbe stata eternamente grata al padre per averle fatto dono anche in quel momento del bene più prezioso, la libertà. Vi si aggrappò con tutta se stessa e scelse l'uomo che l'aveva conquistata fin dal primo istante, quello che le aveva salvato la vita nella foresta armato di pistola e poi di nuovo al ballo, con un bouquet fra le mani.

Lasciata la mano del padre, trovò subito quella di Franz, tesa verso di lei. Si sistemò al fianco dell'imperatore e insieme si inginocchiarono davanti all'arcivescovo, pronto a officiare la cerimonia.

«Franz Joseph, Imperatore d'Austria», iniziò l'arcivescovo in tono solenne, «dichiarate di voler prendere la duchessa Elisabeth di Baviera come vostra consorte? Se lo volete pronunciate il vostro 'sì'.»

«Sì», rispose il Kaiser senza esitare.

«E voi, duchessa Elisabeth di Baviera, dichiarate di voler prendere l'Imperatore Franz Joseph I d'Austria come vostro consorte? Se lo volete pronunciate il vostro 'sì'.»

Sissi però non era lì in quel momento. Era tornata nei boschi della sua Baviera, camminava scalza lungo la riva del lago al castello di Possenhofen, rincorreva i fratelli sul prato e ascoltava il padre suonare la cetra nelle osterie del paese. Con lo sguardo fisso davanti a sé, il respiro trattenuto delle decine di nobili alle sue spalle e le speranze di un impero in bilico sopra di lei, dava l'addio a ogni momento spensierato, all'infanzia vissuta abbracciata alla natura, a una vita di emozioni semplici che non avevano bisogno di cerimoniali. Consapevole che nell'istante in cui avesse pronunciato il suo «sì» le avrebbe perdute per sempre.

Non si accorse, così, che l'arcivescovo e l'intera chiesa erano in attesa di una sua risposta.

Franz voltò appena la testa, perplesso. Il padre la fissò speranzoso. La madre serrò i pugni, preoccupata.

Infine Sissi si voltò verso Franz e lo fissò a lungo.

«Sì», rispose.

E l'imperatore sorrise.

L'arcivescovo posò un'estremità della stola sopra le loro mani destre giunte.

«Pertanto, al cospetto di Dio e davanti a tutti i convenuti, io vi dichiaro marito e moglie. E dichiaro voi, Elisabeth, Imperatrice d'Austria. Amen.»

«Amen», rispose l'intera chiesa, in coro.

Qualche ora più tardi, sbrigata una lunga serie di doveri e cerimoniali, Sissi avanzava di nuovo fra due ali di persone. Questa volta però indossava solo una raffinata veste da notte bianca e portava i capelli sciolti lungo la schiena. Dietro di lei, uno strascico di dame, capeggiato dalla suocera, dalla madre e dalla contessa Esterházy, procedeva lento seguendo i suoi passi verso la camera da letto nuziale.

I nobili, i domestici e perfino le autorità religiose e militari riunite si inchinavano al suo passaggio.

Sissi continuò ad avanzare fino a entrare nella vasta stanza lussuosa, occupata da un enorme letto a baldacchino e rischiarata da tanti mazzi di fiori bianchi a contrasto con la tappezzeria rosso scuro.

«Ora sarete ricevuta dal Kaiser», annunciò in tono solenne la contessa Esterházy, prima di uscire, chiudersi dietro la porta e girare la chiave nella serratura.

Rimasta sola nella stanza, Sissi tremava come una foglia.

Non poté fare a meno di ricordare le parole pronunciate dalla sorella qualche tempo prima, mentre studiavano la planimetria della residenza imperiale.

Lì è dove «la trota» viene diliscata.

Capitolo 17

FERMA al centro della stanza, nella luce fioca delle candele, Sissi attendeva l'arrivo dell'imperatore. Allo scoccare delle campane, la porta si aprì, preceduta da un leggero scampanellio.

Franz entrò a passo deciso, senza guardarla. Si tolse la fascia rossa e poi la giacca, con gesti bruschi e sbrigativi, e solo a quel punto le lanciò un'occhiata.

Sissi rimase immobile, in silenzio.

Franz saprà che cosa fare.

Ripensò alle parole che la madre le aveva detto al castello e sospirò. Non aveva dubbi che lui lo sapesse, ma era chiaro che quella notte non apparteneva soltanto a loro due e lei era così stanca e frastornata da non sapere più come muoversi o che cosa pensare.

L'imperatore continuò a spogliarsi in silenzio e quando si tolse i pantaloni e rimase completamente nudo, Sissi distolse subito lo sguardo, imbarazzata. Poi la curiosità ebbe la meglio e si voltò verso di lui. Il corpo snello e muscoloso sembrava ancora più forte, privo degli abiti. Essere nudo non lo rendeva più vulnerabile ai suoi occhi, tutto il contrario.

Sempre senza dire una parola, Franz andò a letto, si infilò sotto le lenzuola, si appoggiò ai cuscini e la fissò. Sissi capì che era arrivato il suo momento.

Con le dita che tremavano, il viso illuminato dal guizzare delle candele attorno a lei, si sfilò la veste da notte e rimase a sua volta nuda. L'imperatore la fissava immobile lo sguardo offuscato dal piacere. Sissi si lasciò osservare per qualche istante e scoprì che avere i suoi occhi addosso non la faceva sentire in pericolo, ma stranamente al sicuro. Dopo i primi momenti di disagio, iniziò ad ascoltare il proprio corpo, a esplorare lo sguardo di Franz e a fidarsi di entrambi. Con un sospiro, lo raggiunse sul grande letto. Non ebbe il tempo di sdraiarsi accanto a lui, però, perché non appena ebbe posato un ginocchio sulle lenzuola, con uno scatto deciso Franz la afferrò alla vita e se la sistemò cavalcioni. Poi le scostò i lunghissimi capelli dalla spalla e le accarezzò la schiena nuda.

Sissi si abbassò sul suo viso, alla ricerca del bacio che non si erano ancora dati, e quando sentì il suo fiato sulle labbra, da dietro la porta chiusa arrivò una risatina femminile.

Franz imprecò, se la sollevò di dosso con violenza sbattendola sul lato opposto del letto e si alzò. In pochi passi fu alla porta e la spalancò, completamente nudo.

«Sparite!!!» urlò furioso alle domestiche accalcate oltre la soglia.

Le ragazze lanciarono uno strillo spaventato, qualcuna si coprì la bocca, qualcuna non poté evitare di abbassare lo sguardo per dare un'occhiata all'intimità del Kaiser, poi scapparono via per il lungo corridoio.

Quando Franz tornò a letto, la tenerezza di poco prima era scomparsa. Travolto dalla collera, la afferrò con violenza, tirandola per le gambe, e si sistemò sopra di lei pronto a consumare le nozze. Iniziò a muoversi affannato, cercandola, ma non appena la vide girare la testa di lato sul cuscino, spaventata, rinunciò al suo proposito e si sollevò sulle braccia.

«Chi erano?» chiese Sissi dopo qualche istante, ancora intimorita.

«La servitù della Esterházy», rispose Franz, con la voce arrochita dal desiderio e dalla rabbia. «Secondo la regola doveva esserci la corte intera, qui, a guardarci. Un vecchio protocollo che ho abolito.» Tornò a sdraiarsi dalla sua parte del letto. «Lo dicevo che eri troppo giovane», mormorò.

Sissi si coprì con il lenzuolo e per qualche istante rimasero sdraiati in silenzio, fissando il soffitto, vicini e distanti allo stesso tempo. Poi lui le passò un braccio attorno alle spalle e la attirò a sé. «Vieni», sussurò e lei si rilassò appena.

Per quanto le spiacesse ammetterlo, perfino con se stessa, era sollevata. Sperava solo che il trascorrere del tempo avrebbe facilitato le cose, invece di complicarle. Si abbandonò sul cuscino, esausta, mentre la fatica di quella lunghissima giornata le precipitava addosso all'improvviso. Chiudere gli occhi però era impossibile, la tensione era ancora troppa. Sapere che l'indomani non avrebbe avuto tempo di riposare, invece di aiutarla a rilassarsi, la rendeva ancora più nervosa. Solo dopo qualche istante si abituò al calore del corpo dell'imperatore accanto al suo e trovò così la calma e la fiducia che le servivano per riuscire a prendere sonno.

Sissi dormì così profondamente che quando si svegliò, al rintoccare delle campane, la stanza era invasa dalla luce calda del mattino, che rischiarava i tappeti pregiati e il mobilio elegante che la suocera aveva scelto per lei.

Le ci volle qualche istante per ricordarsi dove si trovava e quando tese il braccio verso il lato opposto del letto, alla ricerca del corpo dell'imperatore, lo trovò deserto.

Si sollevò sui cuscini e si accorse che non erano più soli nella stanza.

Il cameriere personale del Kaiser, Ketterl, aveva appena terminato di aiutarlo a vestirsi e si accingeva a uscire camminando all'indietro, per non dare le spalle a Sua Maestà, come voleva il cerimoniale.

Franz si voltò verso di lei. «Sarà un giorno faticoso», le disse.

Poi, senza aggiungere una parola, si diresse verso un piccolo scrittoio, prese un coltello dal manico intarsiato e tornò rapido verso il letto.

Sissi, spaventata, indietreggiò di scatto. Un attimo dopo, il Kaiser si incideva il palmo della mano con la lama affilata e lasciava cadere alcune gocce di sangue sul lenzuolo immacolato.

«Questo dimostrerà che abbiamo adempiuto ai nostri doveri», disse, mentre premeva un fazzoletto sulla ferita.

Poi si allontanò dal letto e senza una parola di preavviso, spalancò la porta. Sissi sussultò, al trovarsi davanti l'intera corte riunita. Si sollevò il lenzuolo sul petto nudo, cercando di coprirsi come poteva. Dall'altra parte della soglia, l'arciduchessa, seguita da un lungo codazzo di dame e cameriere, la fissava con uno sguardo vagamente deluso. Quando si rese conto di non avere altra scelta, Elisabeth si alzò per andarle incontro, i lunghi capelli sciolti che le scendevano sulle spalle e il lenzuolo che le scivolava addosso, per quanto si sforzasse di trattenerlo.

Sophie entrò nella camera nuziale a passo regale. Indossava un magnifico abito di raso azzurro e grigio che pareva trapuntato di stelle, e lo sguardo che puntava su Sissi era severo ed esigente. E a giudicare dal sospiro trattenuto a stento, non era soddisfatto.

«Zia Sophie, mi concedete di indossare qualcosa?» chiese timida l'imperatrice, con un sorriso di scuse.

«È compito della tua damigella, mia cara», rispose Sophie. «Molte di loro si preparano quasi metà della vita per arrivare a servire una sovrana. E a costoro non sfugge se si presenta qualcuna che non ha adeguata preparazione», aggiunse in un tono carico di sottintesi.

«La contessa von Lotti risponde al mio espresso desiderio...»

«Devi guadagnarti il rispetto della corte, Elisabeth», la interruppe l'arciduchessa.

«Ma... come sovrana io...»

«Non disonorarci. Conosci il tuo dovere.» Sophie la fissò ancora per qualche istante, per assicurarsi che avesse compreso appieno il senso di quelle parole, poi uscì.

Sissi non ebbe il tempo di riprendersi. L'arciduchessa aveva appena lasciato la stanza, quando le porte sull'altro lato si spalancarono di colpo, lasciando entrare uno stuolo di domestici e servitori. In testa, la contessa Esterházy declamava istruzioni con il piglio di un generale sul campo di battaglia.

«Altezza, è l'ora della toeletta mattutina. Spero che abbiate riposato bene, perché oggi avrete un fitto programma da rispettare», esordì. «Nel frattempo, vi metterò a parte del protocollo dei giorni a venire.» Batté le mani per incalzare i domestici, che si accingevano a portare e disporre gli abiti e tutto l'occorrente per vestire l'imperatrice, compresa una lunga fila di scatole di scarpe. Fra loro c'era anche Fanny, l'espressione spaesata e concentrata, mentre cercava di capire quali fossero esattamente i suoi compiti. «Domani inizierete la luna di miele al castello di Laxenburg. Là vi istruirò sull'imminente ricevimento dei Territori della Corona, per il quale vi eserciterete già oggi congedandovi da tutti gli invitati al matrimonio. Il corpetto, prego!» ordinò secca.

Frastornata, senza riuscire a seguire tutto ciò che le diceva, Sissi iniziò a vestirsi al riparo di un lenzuolo bianco teso dalle cameriere.

Una giovane domestica avanzò nella stanza, reggendo il rigido corpetto sul palmo delle mani. Dopo un attimo di indecisione, Fanny la raggiunse e lo prese, ma la contessa Esterházy glielo tolse bruscamente dalle braccia.

«Questo è tradizionale compito della governante di corte», la rimproverò e si accinse a metterlo personalmente a Sissi. «Volete avere la compiacenza di prendere le scarpe per la festa di oggi?» chiese poi, sempre parlando a raffica. «Vostra Altezza. Le scarpe!» la incalzò, indignata.

Fanny era nel panico. China davanti alle scatole di scarpe, non sapeva quale doveva scegliere. Non era certo un problema che le fosse mai capitato di porsi. Sissi aveva portato con sé centotredici paia di scarpe alla corte di Vienna e non erano state comunque giudicate sufficienti, soprattutto considerato che il protocollo prevedeva che l'imperatrice potesse indossarle solo una volta. Dopo, la consuetudine voleva che quel paio di scarpe venisse regalato.

Fanny le osservò rapidamente e scelse un paio che le sembrava adatto. Non era troppo sfarzoso, i colori erano delicati e dopo una rapida occhiata le parve intonato al vestito che avevano portato. Lo sollevò e si avvicinò a Elisabeth e le altre cameriere si guardarono subito, scandalizzate.

«Non ha preso quelle adatte», mormorarono, scambiandosi sguardi inorriditi.

«Oh, santo Cielo!» gemette una di loro.

Sissi era troppo frastornata per accorgersi di quelle reazioni.

L'unica cosa che non le era sfuggita era l'agitazione della sua damigella.

«Grazie, contessa», le disse quindi con un gran sorriso. «Avete un gusto sopraffino.»

Non appena Fanny si chinò perché le calzasse, però, la contessa Esterházy sussurrò all'orecchio di Sissi: «Perdonate, Altezza. Quelle sono per un *thé en famille*».

Sempre più impacciata, nell'imbarazzo generale, Fanny ne prese un altro paio. La governante di corte le lanciò un'occhiata gelida e strinse con forza i lacci del corsetto, facendo sussultare l'imperatrice.

«Guardie!» chiamò.

«Ma...» provò a protestare Fanny.

«Accompagnate la contessa von Lotti», ordinò la governante. «Tornerà in Baviera all'istante.»

«La contessa è qui per mio volere», intervenne con decisione Sissi.

«Non credo che sia una vera contessa.»

Nella stanza calò il silenzio.

«Io penso che lo sia», si schierò infine Sissi, strappando un sorriso riconoscente alla ragazza.

«Dovrà essere dimostrato alla corte», sancì la contessa Esterházy.

Un attimo dopo, le guardie portavano via Fanny, senza che Sissi potesse fare qualcosa per impedirlo.

La governante di corte guardò soddisfatta il lenzuolo sporco di sangue, che le cameriere esibivano davanti alla luce della finestra. Poi diede un'ultima stretta al corpetto di Sissi, strappandole il respiro.

Capitolo 18

NEL vasto salone della Hofburg, una lunghissima fila di nobili attendeva il proprio turno per congedarsi dalla coppia imperiale. Come voleva il cerimoniale, gli ospiti che avevano presenziato alle nozze venivano ricevuti e annunciati a uno a uno, perché avessero modo di rendere omaggio alla nuova imperatrice. In piedi accanto a Franz, magnifica in un abito di seta dorato che rivaleggiava in preziosità con la corona che portava sul capo, Sissi sopportava a stento il trascorrere dei minuti. Il corsetto la stringeva al punto che non riusciva a respirare e le comprimeva la cassa toracica con tanta forza da procurarle un dolore atroce. Di fianco a lei, Franz riceveva impassibile gli omaggi della nobiltà, senza tradire il minimo segno di noia o stanchezza.

La luce polverosa che entrava dalle grandi finestre accendeva le diverse tonalità delle stoffe preziose e faceva scintillare le decorazioni appuntate sulle uniformi dei gentiluomini. A destra della coppia, leggermente in disparte, l'arciduchessa Sophie e la governante di corte sorvegliavano attente il procedere dell'evento. Il bastone del cerimoniere scandiva il lento scorrere della giornata.

«Il duca e la duchessa von Bodelschwingh.»

I duchi si avvicinarono, si inchinarono e subito dopo Sissi porse la mano, perché fosse baciata.

«Il conte e la contessa von Stein.»

Un'altra coppia di nobili si staccò dalla fila. Sissi aveva il viso contratto, il corsetto la stringeva troppo e la stanchezza le piegava le gambe. Era al limite della sopportazione.

«Contessa Esterházy», mormorò, voltandosi verso la governante di corte. «Un bicchier d'acqua, per favore.»

La donna fece un cenno a un domestico con una smorfia di disapprovazione. Sissi bevve un lungo sorso e tornò a posare il bicchiere sul vassoio dorato, ma non servì a farla star meglio. Anzi, se possibile il dolore aumentò ancora di più. Si portò una mano sull'addome e serrò i denti, decisa a resistere.

«Puoi anche ritirarti, se non ti senti bene», le sussurrò Franz, mentre la coppia successiva si preparava.

«Hanno atteso a lungo», rispose lei. «Non voglio deludere nessuno.»

Era la sua prima occasione ufficiale dopo le nozze e avrebbe fatto di tutto per dimostrare di essere all'altezza del compito.

«Me la cavo da solo», insistette Franz.

«Grazie, sto bene.»

La coppia di nobili avanzò verso di loro, rallentata dall'evidente zoppia della donna, sotto la gonna elegante del vestito.

«Vi prego, no», disse subito Sissi, quando la vide inchinarsi a fatica. «Non dovete disturbarvi.»

Nel salone risuonò un brusio scandalizzato. L'espressione di Franz si fece severa.

«Vi chiedo perdono», disse subito l'imperatore. «Mia moglie non è ancora del tutto avvezza ai nostri protocolli.»

E la coppia si allontanò senza riuscire a celare del tutto l'offesa.

«Ma zoppicava...» mormorò Sissi, cercando di giustificarsi.

«La moglie del ministro delle Finanze è uguale alle altre», fu la risposta secca e irritata di Franz.

«Il barone e la baronessa von Frankenfeld», annunciò il cerimoniere.

Sissi porse la mano nel guanto bianco, cercando in ogni modo di controllare le lacrime che le erano salite agli occhi per la mortificazione.

Al calar della sera, il cielo sopra la Hofburg fu oscurato da pesanti nubi che avvolgevano la residenza in una luce violacea. Alcuni tuoni lontani riecheggiavano nell'aria, annunciando tormenta. Nonostante l'ora tarda, le fiamme delle candele guizzavano ancora nel salone del palazzo, illuminando gli ultimi ospiti rimasti.

Sissi era esausta e non riusciva ormai più a nascondere il dolore. Congedata l'ennesima coppia di nobili, vide con gioia che era rimasta solo la sua famiglia, a chiudere la fila degli invitati. Fece per scendere dalla pedana e correre loro incontro, quando la contessa Esterházy la fermò.

«Maestà! Congedatevi dai vostri genitori seguendo il cerimoniale», ordinò.

La duchessa Ludovika e il duca Maximilian si inchinarono davanti alla figlia.

«Vi prego, no», gemette Sissi e abbandonò comunque il proprio posto, sotto lo sguardo preoccupato della madre.

Franz la seguì. «Duca Max, zia Ludovika, Helene. Vi lascio soli qualche momento», concesse loro e uscì.

Sissi gettò subito le braccia al collo della madre e iniziò a singhiozzare, aggrappandosi a lei. Non avrebbe voluto congedarsi così dai genitori, ma la tensione accumulata fino a quel momento si era sciolta di colpo nel momento in cui li aveva visti. L'ombra di preoccupazione sul volto della madre, lo sguardo burbero e corrucciato del padre e l'espressione altera della sorella l'avevano riportata di colpo a Possenhofen, alla serenità di una vita che ormai non le apparteneva più.

«Sissi!» esclamò Ludovika, ma non c'era troppa convinzione nel suo rimbrotto e strinse la figlia fra le braccia con più forza.

«Quanto mi mancherete», disse Elisabeth fra le lacrime, senza staccarsi da lei. Quell'abbraccio era l'ultima cosa che la teneva ancora legata alla ragazza che era stata fino a poco prima. Sapeva che nell'istante in cui fosse finito i genitori e la sorella se ne sarebbero andati e lei sarebbe rimasta completamente sola.

«Ci farai presto l'abitudine», rispose Ludovika, scostandosi. «Come tutti noi.»

Sissi si gettò fra le braccia del padre, che la strinse con decisione. Se c'era l'ombra di un rimprovero, in quell'abbraccio, non lo diede a vedere.

Quando si fu sciolta anche da lui, i genitori le lanciarono un'ultima occhiata, poi si voltarono e lasciarono la sala.

Era rimasta solo la sorella, al centro del vasto salone ormai quasi deserto.

«Néné!» esclamò Sissi, in tono supplichevole.

Helene però non le permise di avvicinarsi. Le diede le spalle e se ne andò, senza proferire parola.

Mentre i passi della sorella risuonavano sul pavimento di legno pregiato, Sissi si voltò verso la contessa Esterházy, in attesa delle istruzioni successive, e crollò a terra priva di sensi.

I tuoni si fecero sempre più vicini e iniziarono a cadere le prime gocce, che presto si trasformarono in un violento acquazzone. Le strade di Vienna erano praticamente deserte, chi poteva era corso a rifugiarsi dentro casa e l'acciottolato era reso scivoloso dalla pioggia.

Fanny si affannava per quei vicoli che non conosceva, cercando di orientarsi e di trovare un posto dove passare la notte. Era stata cacciata via dalla Hofburg senza neppure avere il tempo di cambiarsi, con l'abito che indossava e quello che era riuscita a infilare rapidamente in valigia, sotto lo sguardo attento delle guardie. I capelli bagnati le si erano incollati al viso e la pioggia se non altro aveva lavato via le lacrime. Sapeva di dover ritrovare il piglio di un tempo e lo spirito che in passato l'aveva salvata dalle difficoltà, ma l'umiliazione e la sorpresa l'avevano lasciata spiazzata. Nel vestito elegante da damigella, inoltre, era impossibile passare inosservata e presto si accorse che qualcuno aveva iniziato a seguirla.

Era lontana da casa, da tutti i suoi punti di riferimento. Era stata davvero una stupida ad accettare la proposta dell'imperatrice. Come poteva illudersi di diventare qualcosa di diverso da quello che era sempre stata? Potevano ripulirla e agghindarla finché volevano, ma lei sarebbe sempre rimasta una ragazza di strada, buona solo ad aprire le gambe per i clienti.

I passi si fecero più vicini e Fanny scartò in una strada

secondaria, sperando di seminarli. Poco dopo sentì un fischio risuonarle alle spalle.

Accelerò il passo, quanto glielo permetteva l'ampia gonna del vestito ormai fradicia e sempre più pesante, e corse verso la fine del vicolo. Un secondo uomo le sbarrò il passo.

«Guarda chi c'è qui», commentò e le fece scorrere addosso uno sguardo viscido. «Prendi il bagaglio della signora», ordinò al compare con una risata.

Fanny si voltò nell'istante in cui un tizio dai vestiti sporchi e laceri le strappava la valigia di mano. Poi l'altro le fu addosso.

«Dove andavi, dolcezza?»

Fanny non esitò a reagire, questa volta. I vestiti che indossava e le poche ore trascorse a corte non erano bastati a farle dimenticare chi era. Aveva imparato presto a difendersi, già prima di entrare nel bordello di Starnberg.

Sferrò un colpo violento al tizio che cercava di metterle le mani addosso e quando il secondo arrivò in suo aiuto, lo raggiunse con un pugno in pieno viso. Presto però un terzo si aggiunse ai primi due, che nel frattempo si erano ripresi dallo stupore. Non si aspettavano certo che una dama di corte sapesse fare a pugni in quel modo, ma una volta capito con chi avevano a che fare, non tardarono a sbatterla a terra e immobilizzarla.

«Sei una gatta furiosa, eh?» esclamò uno.

Con il viso premuto sul selciato bagnato e il respiro affannato, Fanny iniziò ad avere davvero paura.

«E va bene», disse il tizio alle sue spalle, «divertiamoci un po'.»

Era già sopra di lei e la tastava con violenza sopra il vestito, quando una nuova voce, più profonda, si aggiunse alle altre. Un attimo dopo si sentì un gemito soffocato, seguito dai rumori di una zuffa. Fanny non alzò la testa. Rimase distesa immobile, sotto la pioggia, e iniziò a piangere. Pianse per quello che aveva perduto, per l'umiliazione subita, per la propria idiozia. E nonostante si vergognasse ad ammetterlo, pianse anche per l'imperatrice. Era l'unica persona che l'aveva trattata come un essere umano e che aveva creduto davvero in lei.

A un tratto sentì una mano forte sulla spalla.

«Ehi», la chiamò una voce profonda.

Fanny si voltò, pronta a difendersi. Il tizio dietro di lei però non sembrava avere intenzioni violente. Era un uomo alto, con i capelli lunghi e scuri e una folta barba. E gli occhi tristi pieni di un odio lontano.

Le tese la mano e Fanny la accettò.

Capitolo 19

Il medico di corte misurava le pulsazioni dell'imperatrice, sotto lo sguardo attento dell'arciduchessa e del Kaiser. Distesa a letto, Sissi era immobile, gli occhi chiusi e il viso ancora affaticato. Sophie la fissava preoccupata. La nuora non era riuscita neppure ad arrivare alla fine della sua prima giornata. Non era certo quello che aveva previsto e che si richiedeva alla sposa del Kaiser. L'arciduchessa era stata disposta ad assecondare i desideri di Franz al momento di sceglierli una moglie e ora iniziava a chiedersi se non avesse sottovalutato la sua inadeguatezza.

All'improvviso la porta della stanza si aprì e la contessa Esterházy entrò a passo deciso. Sophie si voltò subito verso di lei, per evitare che disturbasse l'imperatrice.

«Vostra Maestà», la salutò la contessa con un inchino.

«Perché siete qui?» chiese Sophie, a bassa voce.

«Perché vorrei discutere con l'imperatrice il protocollo della sera.»

«Contessa, non è affatto il momento.»

«Ma, Vostra Maestà, il ricevimento sarà solo tra quattro giorni», protestò la governante di corte, agitata.

L'arciduchessa guardò il figlio, che scosse la testa. «Questo è troppo per lei», dichiarò Sophie, in un tono che non ammetteva repliche. La contessa colse il messaggio e indietreggiò fino alla porta, per non darle le spalle.

Quando la governante fu uscita, Sophie prese il figlio a braccetto e lo allontanò dal letto. Parlò piano, per non svegliare la nuora e perché il medico non la sentisse.

«In questi tempi inquieti, hai bisogno di un'imperatrice forte al tuo fianco», ricordò a Franz. «Abbi cura di lei. Dalle il tempo che le occorre per crescere. Quando sarà a Laxenburg dovrà riposare.»

L'imperatore annuì, preoccupato. Dietro di loro, Sissi era immersa in un sonno profondo, che non aveva cancellato la sua espressione stanca e turbata.

Quando fu svegliata dal canto degli uccelli, per un attimo Sissi si convinse di essere nell'amato castello di Possenhofen, fra gli alberi e le montagne, sulla riva del lago. Non appena si destò del tutto, però, si ricordò dove si trovava. Era a Vienna, nella residenza imperiale. Non rammentava di essere andata a letto, l'ultimo ricordo confuso che aveva era quello dell'abbraccio dei genitori, nel salone. Sbatté le palpebre per abituarsi alla luce e udì di nuovo il verso di un uccello, poco distante da lei. Questa volta era sicura di non averlo sognato. Quando lo sentì di nuovo, si rese conto che era il gracchiare del pappagallo che le aveva regalato Franz.

L'imperatore aveva dato ordine che la gabbia fosse sistemata nella stanza, certo che a Sissi avrebbe fatto piacere e che l'avrebbe aiutata a distrarsi e a ritrovare il buon umore. Non si sbagliava.

Elisabeth si alzò a sedere e vide che Franz era già quasi

vestito. Il cameriere personale lo stava aiutando a sistemare le bretelle sulla camicia bianca.

«Buongiorno! Buongiorno!» gracchiò il pappagallo, strappando un sorriso alla coppia.

«Buongiorno», gli fece eco il Kaiser, mentre la raggiungeva. «Come ti senti? Hai dormito quasi nove ore.» Si sedette sul bordo del letto e la scrutò per qualche istante. «Che succede?» le chiese.

Sissi scosse la testa, cercando di scacciare le ultime tracce di sonno. «Ti chiedo scusa», rispose, «è che ieri è stata...»

«Una giornata molto faticosa», la interruppe lui.

«La brutta figura con la moglie del mi...» iniziò Sissi, ma Franz non la lasciò proseguire. Le posò un dito sulla bocca, costringendola a lasciare la parola a metà, e poi le sfiorò la pelle del collo, strappandole un brivido. Si fissarono negli occhi per qualche istante, nella luce chiara del mattino, e Franz si chinò piano su di lei. Stava per baciarla, quando il verso del pappagallo risuonò nella stanza.

«Vieni, vieni, vieni, amore.»

Scoppiarono entrambi a ridere, ma il momento ormai era stato spezzato. Franz si alzò.

«Alzati», le disse, «voglio farti vedere una cosa.»

Sissi non si fece pregare e poco dopo lei e il Kaiser arrivarono nel cortile delle scuderie imperiali, dove uno stalliere tratteneva a stento un magnifico cavallo bianco.

«Oh! Oh! Basta con queste bizze, fai il bravo», protestava il giovane e cercava di controllarlo con la corda, senza troppo successo. Non appena sembrava che l'animale si fosse calmato, tornava a imbizzarrirsi e a scalpitare. «No, no, non ricominciare, vieni qui. Calmo, calmo, stai giù.»

Sissi non riusciva a credere ai propri occhi. Sul viso le comparve all'istante l'entusiasmo fanciullesco che aveva conquistato l'imperatore fin dal primo giorno. Gli occhi tornarono a brillare, con un sorriso meravigliato.

«Che splendido cavallo!» esclamò. «Ed è anche molto giovane», aggiunse, mentre si avvicinava per esaminarlo meglio.

Era davvero un bellissimo esemplare, dal manto bianco e lucido, su cui guizzavano i muscoli al minimo movimento.

Sissi si diresse verso di lui, ma Franz la prese per mano e la fermò. La fissò negli occhi, che brillavano emozionati, poi si chinò verso di lei, incurante della presenza dello stalliere, le posò una mano sulla nuca e la baciò. Dopo un attimo di smarrimento, Sissi ricambiò il bacio, i baffi del Kaiser che pizzicavano la pelle e le sue labbra decise e al tempo stesso arrendevoli sulle proprie. Dietro di loro, i nitriti selvaggi del cavallo riecheggiavano nel cortile delle scuderie.

Il bacio non durò quanto avrebbe sperato la coppia.

«Vostra Maestà!» risuonò la voce acuta e affannata della contessa Esterházy. «Sarà meglio che arriviate a Laxenburg prima del calar della sera! E non è escluso che piova, fra l'altro», aggiunse, mentre si avvicinava.

«Concedeteci un momento», rispose Franz.

Sissi accostò il viso al suo. «Possiamo andare senza di lei?» mormorò. «È la nostra luna di miele.»

L'imperatore sospirò. «È difficile.»

«Bene», scandì la contessa, evidentemente irritata. «Attenderò i signori in carrozza.» E indietreggiò rassegnata, allontanandosi dal cortile.

Il cavallo intanto aveva ripreso a scalpitare, sempre più nervoso, e lo stalliere adesso sembrava in difficoltà. La corda si tendeva e schioccava a ogni movimento brusco dell'animale, che non dava segno di volersi calmare.

Sissi si diresse verso di lui. «Attenta!» la avvertì Franz. «Non è ancora domato.»

Lei non gli diede retta. «Datemi questo ragazzaccio», ordinò allo stalliere.

«Maestà», rispose lui e le consegnò la corda, poco convinto.

Con un nitrito imbizzarrito, l'animale si sollevò sulle zampe posteriori, sotto lo sguardo preoccupato di Franz. Sissi però non lo lasciò andare e gli rimase vicina, cercando di calmarlo con piccoli schiocchi della lingua. Nonostante i suoi tentativi, ogni volta i nitriti si facevano più allarmanti e i salti più alti e irrequieti. Poi a poco a poco l'animale si tranquillizzò, smise di scalpitare e tornò a terra. Sissi gli posò una mano sul muso e lo accarezzò piano, accostando il viso. Franz era sbalordito. Lo stalliere guardava l'imperatrice con un rispetto nuovo.

«Bravo, così», mormorò lei.

Sissi accarezzò il cavallo con delicatezza, godendosi la sensazione del pelo caldo e dei muscoli che fremevano sotto le dita. Sentiva l'energia dell'animale attraverso la mano, la sua vitalità e il bisogno di correre e sfogarsi. E li riconobbe all'istante.

Si voltò verso Franz con un sorriso. Aveva appena avuto un'idea.

Capitolo 20

Castello di Laxenburg, nei pressi di Vienna

SITUATO a poca distanza da Vienna, dove poteva essere raggiunto comodamente, il castello di Laxenburg era spesso il rifugio della famiglia reale. Con i suoi tetti appuntiti, i lunghi comignoli e le torri circolari, era un piccolo gioiello incastonato nel verde dei boschi austriaci. Da secoli, era di proprietà dei sovrani asburgici, che l'avevano usato anche come residenza di caccia. Franz vi aveva soggiornato spesso da bambino e amava particolarmente quel posto, con il vasto parco e il laghetto, che sembrava così lontano dalle preoccupazioni e dagli affanni di Vienna.

La coppia imperiale diede inizio alla luna di miele arrivando al castello a cavallo, dopo una lunga corsa sfrenata nei prati e per le strade di campagna. Erano riusciti così a liberarsi della fastidiosa presenza della contessa Esterházy almeno per qualche ora. La governante, infatti, ignara della loro partenza, era rimasta ad aspettarli in carrozza, sventolando nervosamente il ventaglio e temendo l'avvicinarsi della pioggia, annunciato da nuvole sempre più scure.

Quando varcò la soglia del castello insieme a Franz, Sissi era felice come non le capitava da tempo.

«Possediamo questo castello da oltre cinquecento anni», le spiegò lui, mentre entravano nella vasta sala già pronta per il banchetto, che si sarebbe tenuto quella stessa sera, per celebrare il loro arrivo.

Sissi si strinse al suo fianco. La prospettiva di un altro impegno, fosse pure una cena di gala, offuscava appena la gioia di quel momento. La solitudine però fu di breve durata e pochi istanti dopo il loro ingresso, furono raggiunti dal lungo corteo della servitù.

«Che c'è di urgente?» chiese Franz, scocciato.

«Il banchetto, Altezza», rispose il suo cameriere personale, Ketterl. «Le Vostre Maestà vorranno esprimere le preferenze per il menu.»

L'imperatore annuì. «Sì», rispose e riprese a camminare per la sala insieme a Sissi.

I domestici li seguirono, mantenendosi sempre a una certa distanza, e non appena i reali si voltarono, a un colpetto di tosse di Ketterl, si produssero in un inchino.

«Siamo qui per accogliere i vostri desideri», ribadì il cameriere personale.

«Rivolgetevi alla contessa Esterházy», rispose Franz e gli diede di nuovo le spalle.

I domestici però non sembravano decisi a lasciarli da soli.

Sissi e Franz iniziarono a camminare attorno al lungo tavolo apparecchiato, seguiti a ritmo dal corteo dei servitori. Non appena loro si fermavano, anche i domestici facevano altrettanto, e presto per la coppia imperiale si trasformò in un gioco. Ridevano complici, avanzando e fermandosi, per poi voltarsi di scatto e sorprendere i domestici, costringendoli a un inchino frettoloso.

«Chiedo venia, Maestà», insistette di nuovo Ketterl. «La contessa Esterházy non è ancora arrivata.»

Franz era esasperato. «Mi sovviene adesso, monsieur», rispose infine. «Il banchetto è rimandato. Arrangiate una cenetta per noi due soli.»

L'espressione basita dei domestici era inequivocabile, ma nessuno si azzardava a discutere la parola dell'imperatore.

Neppure la contessa Esterházy, che dopo aver atteso inutilmente in carrozza, si era finalmente decisa a partire ed era arrivata al castello proprio quando iniziavano a cadere le prime grosse gocce di pioggia. Così, non appena era scesa sul terreno infangato, affaticata e irritata per essere stata presa in giro in quel modo, era scivolata ed era finita faccia in giù nella melma, inzaccherandosi completamente l'abito e il viso.

La coppia imperiale però non poteva immaginarlo e anche se l'avesse saputo, probabilmente non se ne sarebbe curata, occupata com'era a gustarsi la cena deliziosa e a consumarla in quella solitudine rara. L'enorme salone dei banchetti era tutto per loro e nonostante fossero seduti ai due capi del lunghissimo tavolo, gli sguardi che si lanciavano sopra i vassoi e i piatti da portata d'argento bastavano a colmare la distanza.

«Che c'è?» chiese Sissi, quando l'imperatore la fissò più a lungo del solito.

Franz sorrise. «Sono contento che ti piaccia.»

«Mi basta solo essere qui. Da sola con te», rispose lei.

«Anche a me.» L'imperatore si pulì la bocca con il tovagliolo. Era da tempo che non si sentiva così sereno e rilassato.

«È una cosa che faremo spesso?» domandò Sissi.

Lui bevve un sorso di vino e si incupì appena. «Ogni volta che sarà possibile», rispose senza guardarla.

In quell'istante, le porte della sala si spalancarono ed

entrò la contessa Esterházy, sporca, bagnata fradicia e coperta di fango dalla testa ai piedi. La sua espressione, solitamente così controllata, era stravolta.

«Maestà...» mormorò, dopo un rapido inchino.

«Contessa», rispose Franz, squadrandola stupito. «C'è qualcosa che vi angustia?»

La governante si guardò attorno. «Gli ospiti dove sono?»

«Il banchetto è stato rimandato», la informò il Kaiser con un sorriso.

«Da chi?»

«Da me.»

Il viso già sconvolto della donna divenne incredulo.

«Grazie», la congedò infine il Kaiser, quando vide che non accennava a muoversi. «Potete ritirarvi.»

«Permettetemi di dare qualche lezione alla vostra incantevole moglie oggi stesso», insistette la contessa. «Maestà, il ricevimento avverrà fra tre giorni.»

Gli imperatori si scambiarono un'occhiata di intesa. «Grazie. Adesso non è il caso.»

Franz non aveva ancora finito di pronunciare la frase, che un aiutante di campo si precipitò nel salone.

«Maestà. Un messaggio da Vienna, dal Capo di Stato maggiore.»

Franz aprì il biglietto e lo lesse cupo. Lo ripiegò.

«Ti prego di scusarmi», disse alla moglie, prima di alzarsi davanti alla sua espressione costernata. Poi uscì.

«Ordunque, *bon appétit*», non mancò occasione di intervenire la contessa Esterházy. «Il consorte vi attenderà nella camera nuziale.»

Rimasta sola al lungo tavolo del banchetto, Sissi spinse da parte il piatto. Le era passato completamente l'appetito.

* * *

Scese la notte, a Laxenburg, portandosi dietro suoni diversi da quelli che Sissi aveva imparato a conoscere a Vienna. Fra gli alberi attorno al castello risuonava il canto insistente di una civetta e un cane ululava in lontananza. Il temporale aveva lasciato un cielo gonfio di nuvole scure, rischiarate a tratti dalla luce della luna.

La contessa Esterházy precedette Sissi in un corridoio buio, fra il cigolio degli antichi pavimenti, verso la stanza in cui avrebbe trascorso la prima notte della luna di miele. Quando arrivò sulla porta, si fermò e le tese una scatoletta rotonda.

«Maestà, ho una piccola cosa per voi», disse, in tono complice. «Bonbon alla violetta, danno freschezza all'alito», aggiunse, mentre l'imperatrice le osservava perplessa.

Sissi ne assaggiò una. «Vi prego, contessa», disse poi, «vorrei restare sola. Ho bisogno di un momento. E vorrei non essere più disturbata», aggiunse.

La governante esitò per qualche istante, ma incontrò lo sguardo fermo dell'imperatrice. I pochi momenti di tranquillità che Sissi aveva vissuto insieme al marito erano serviti soltanto a fargliene desiderare ancora di più. Lungi dall'abituarsi, ogni intrusione nella loro vita privata diventava sempre più sgradevole.

«Certamente, Maestà», rispose infine la contessa e si allontanò, lasciandola sola davanti alla porta chiusa.

Sissi la aprì e guardò dentro.

«Franz?» chiamò.

Non ottenne risposta.

Capitolo 21

La luce rosata delle prime ore del mattino invadeva la stanza, cambiando colore a ogni cosa. Anche la superficie del laghetto, poco lontano dal castello, era uno specchio su cui si allungavano le mille sfumature dell'alba. Le ultime nuvole sfilacciate lasciate dalla pioggia si riflettevano sull'acqua.

Sissi si svegliò di traverso sulle lenzuola, sola nel letto. La sera prima era rimasta sveglia ad aspettare Franz per ore, in quella camera sconosciuta e sul materasso estraneo. Doveva essersi addormentata senza rendersene conto.

Si guardò attorno, confusa e insonnolita, sperando di trovare il marito già sveglio, in procinto di vestirsi, ma nella stanza non c'era nessuno a parte lei.

Allora scostò le coperte con rabbia e si alzò. Scese le scale del castello ancora in veste da notte, senza preoccuparsi di vestirsi o di chi poteva incontrare.

«Buongiorno, Altezza», la salutò la contessa Esterházy con uno strano sorriso, a metà di un lungo corridoio. «Oggi dovremmo iniziare le lezioni il prima possibile.»

«Dov'è mio marito?» chiese lei, raggiungendola a grandi passi.

«A Vienna, Vostra Maestà.»

«A Vienna?» ripeté Sissi stupita. «Perché non mi è stato detto?»

«Avete espressamente ordinato di non essere più disturbata», rispose l'altra, con una luce perfida negli occhi che non sfuggì all'imperatrice.

Sissi sospirò e cercò di controllarsi. «E che cosa chiama Franz a Vienna?»

«Lo Zar di Russia ha ritirato le truppe dai territori al confine con l'Austria», spiegò la governante di corte. «Vostro marito ha ordinato una parata della vittoria della quale sarà felice spettatore.»

«Senza di me?» domandò Sissi stupita.

«Il protocollo prevede che l'imperatrice sia accanto a lui. Ma sembra che al Kaiser piaccia apportare modifiche alle vecchie regole.»

Sissi non badò al tono allusivo di quell'ultima frase e oltrepassò la contessa a passo deciso, costringendola a scansarsi. «Fate sellare il mio cavallo», ordinò, mentre si allontanava.

«Ma, Vostra Maestà...»

«Subito!»

Sissi cavalcò rapida sullo stesso cavallo bianco che l'aveva portata a Laxenburg, ripercorrendo al contrario la strada che aveva fatto solo il giorno prima, in condizioni di spirito molto diverse. L'abito che le svolazzava alle spalle e l'energia del galoppo non la facevano sentire viva, questa volta, solo tradita. Le ore passate ad aspettare Franz inutilmente e le provocazioni della governante erano servite soltanto a risvegliare il suo spirito insofferente a ogni costrizione. Era consapevole degli sforzi e dei sacrifici che la attendevano ed era disposta ad accettarli, ma non si sarebbe lasciata mettere da parte. Dei tanti lati del suo carattere che a corte credevano di conoscere, ce n'era uno con cui ancora non avevano fatto i conti e che Sissi era sempre stata brava a nascondere dietro i modi gentili e aggraziati, ed era il suo orgoglio.

Quando arrivò sul luogo della parata pronta a occupare il posto che le spettava, però, si fermò inorridita.

Un uomo avanzava fra due ali di soldati, in maniche di camicia, e a ogni passo riceveva una violenta scudisciata alla schiena. Sussultava appena, reggendosi a stento sulle gambe, e continuava a camminare. In disparte, giaceva un soldato, anch'egli in maniche di camicia, con una vistosa benda sull'occhio e il viso coperto di sangue.

In piedi a un capo della piazza, impassibile, Franz osservava la scena, scandita dai colpi di tamburo.

Ma il vero orrore arrivò quando Sissi riuscì a vedere il volto contorto da una smorfia di dolore e riconobbe il militare che avanzava fra le scudisciate. Non poteva crederci. Guardò di nuovo Franz, alla ricerca di una spiegazione, senza trovarla.

L'imperatore assisteva senza battere ciglio alla fustigazione del suo migliore amico, il conte Karl Grünne.

«Nooo!» l'urlo di Sissi calò su quel che restava della parata. «Che cosa ha fatto?» chiese incredula, in groppa al cavallo, fissando la schiena coperta di sangue della camicia bianca del conte.

Gli sguardi dei soldati erano puntati su di lei e in tutta risposta il Kaiser le lanciò un'occhiata feroce.

* * *

Più tardi, mentre tornava a Laxenburg in carrozza insieme al conte Grünne, Sissi venne a sapere che cos'era successo. La parata era stata molto diversa dallo sfoggio esultante in cui aveva sperato il Kaiser. L'umore dei soldati era tetro e il morale a terra. Pochi di loro interpretavano la ritirata delle truppe russe come una vittoria. Molti invece si rendevano conto di che cosa avrebbe significato la perdita di un alleato prezioso come lo Zar. A poco a poco, l'esercito iniziava a perdere la fiducia nel proprio imperatore. Le decorazioni appuntate sulle giacche bianche delle uniformi suonavano più come una beffa che un'onorificenza.

Uno dei soldati, l'uomo dalla benda scura che Sissi aveva visto ferito, si era mostrato particolarmente ostile e aveva mancato apertamente di rispetto al Kaiser, fissandolo più a lungo del dovuto. Grünne aveva promesso di punirlo come si conveniva, ma poco dopo, mentre i soldati si apprestavano a ritirarsi, Franz aveva trovato la sua decorazione a terra. Quando aveva capito che l'uomo doveva averla gettata via in un gesto di spregio, lo spirito già tetro si era trasformato in rabbia. Il Kaiser gli si era parato davanti e aveva sollevato il braccio, per colpirlo. Grünne però l'aveva bloccato, afferrandolo con forza. «Questo vi costerà molto caro, Grünne», aveva sibilato l'imperatore. E così era stato.

«Mi dispiace molto, conte Grünne», disse Sissi in carrozza.

Di fronte a lei, il giovane era seduto scomposto, con un'aria sofferente, il ciuffo che gli ricadeva sulla fronte. Sissi non l'aveva mai visto in simili condizioni. La luce nei suoi occhi però era sempre fiera e gentile. L'imperatrice stava imparando ad apprezzare quell'uomo solido e discreto, che più di una volta si era rivelato una presenza e una guida rassicurante nell'ambiente ostile di corte.

«Non doletevene», rispose il conte. «È stata colpa mia. Avrei dovuto controllarmi.»

«Non giustifica quella punizione.» Sissi spostò lo sguardo fuori dalla carrozza, contrariata. Scostò la tendina sottile, per lasciar entrare i raggi di sole. «Mi tratta come una bambina di tre anni», si lamentò. «Non mi serve un tutore.»

«Il Kaiser si preoccupa. Solo questo.» Il conte fece una pausa e davanti alla sua espressione scettica aggiunse: «Tiene molto a voi, anche se non lo dà a vedere. Abbiate fede. Saprete stare al suo fianco».

Sissi gli sorrise con riconoscenza. Non era sicura che avesse ragione, ma la confortava che almeno lui ne sembrasse convinto.

La sera, al castello, Sissi terminò di prepararsi per la notte, assistita dalle cameriere. La contessa Esterházy aveva appena finito di spruzzarle il profumo e la veste da notte aveva ricevuto gli ultimi ritocchi, quando Franz entrò a passo deciso.

Le cameriere uscirono subito, lasciandoli soli.

Sissi si avvicinò esitante al marito, che quasi non la guardava. Era freddo e distante, e dalla sua espressione trapelava una rabbia contenuta a stento.

Elisabeth si voltò verso di lui. Quando parlò, lo fece in tono dolce e sottomesso. «Perché non mi hai detto che andavi a...»

Franz si girò di scatto e le schiaffeggiò con violenza il braccio che lei aveva sollevato verso la sua spalla. «Non farlo mai più», sibilò, con una voce che non aveva mai usato prima con lei. «Mi hai apostrofato davanti all'intero corpo ufficiali.»

«Perché mi hai lasciato tutta la notte ad attenderti?» protestò Sissi. «Senza una parola.»

«Non mi devo giustificare», ribatté lui in tono duro. «Tantomeno con te», aggiunse sprezzante, prima di dirigersi verso la porta.

«E adesso dove vai?» urlò Elisabeth, ormai quasi in lacrime.

«Non sono affari tuoi!»

Capitolo 22

Sissi non aveva mai sentito tanto la mancanza di Fanny come quella notte. Mentre l'imperatore smaltiva la rabbia fumando oppio in compagnia di una donna procace e disinibita, Elisabeth trascorse la seconda notte della luna di miele da sola, nel grande letto imperiale. Quando finalmente riuscì a prendere sonno, alle prime ore del mattino, rivide il viso di Fanny così come l'aveva conosciuta la prima volta, alla luce della candela che aveva misurato il tempo del loro incontro.

Tutti compiacciono il Kaiser e lo fanno perché lui si senta tale. Se volete essere amata, dovrete fare ben altro.

Che cosa? aveva chiesto Sissi, ma in tutta risposta Fanny si era limitata a scorrerle le dita sul petto, sempre più vicina al bordo della scollatura... La sensazione nel sogno si fece sempre più intensa, la pelle sfiorata che diventava sempre più sensibile, fino a svegliarla.

Sissi aprì gli occhi e per prima cosa vide una grande piuma di pavone, che la contessa Esterházy muoveva pigramente sul suo petto.

«Buongiorno, Altezza», la salutò la governante con

voce squillante. «Vostra suocera è appena arrivata. Vi attende appena avrete finito la toeletta mattutina.»

Sissi sospirò. Le ci volle qualche istante per riprendersi dal sogno e smettere di pensare a Fanny, ma non fece aspettare l'arciduchessa e la raggiunse al più presto al tavolo della colazione. Dietro di lei, il figlio era seduto a uno scrittoio, chino su alcuni documenti.

«Buongiorno, zia Sophie. Buongiorno, Franz», salutò, con un tono allegro che li sorprese entrambi, ma soprattutto il marito. «Perdonatemi, oggi la toeletta è stata più lunga del solito.»

«È assurdo quanto presto Franz si dedichi al lavoro ogni giorno», rispose la suocera, passando a un tono complice. «Non potrebbe stargli dietro nessuna moglie al mondo. Spero che tu abbia riposato bene, stanotte.»

Sissi prese posto a tavola con grazia. Quel giorno aveva scelto con cura l'abito e ne indossava uno magnifico, nei toni chiari dell'azzurro, che metteva in risalto la sua carnagione. «Vostro figlio non si dedica solamente ai doveri di Stato», rispose con un sorriso malizioso. L'arciduchessa nascose a fatica l'imbarazzo. «È tutto così bello, qui. Non potevo immaginare una luna di miele migliore», concluse, lanciando un'occhiata dolce a Franz, che si era alzato per prendere un dolcetto dal tavolo.

«Ne sono felice», rispose Sophie. «La mia carrozza aspetta», disse, e si alzò.

«Mamma?»

«Sì, Franz?»

«Verrò a Vienna con te.»

Tutto l'entusiasmo di cui Sissi aveva fatto sfoggio fino a quel momento, facendo appello a ogni sua risorsa, svanì all'istante, raggelato da quella notizia.

«Benissimo», rispose Sophie.

«Sissi resterà a Laxenburg per un po'», aggiunse l'imperatore e fissò la moglie con uno sguardo di sfida.

«E il famoso ricevimento?» chiese Elisabeth.

«Lo affronterò da solo.»

L'imperatrice posò la tazza, che iniziava a tremarle fra le mani. «Ma... non viene dato per le nostre nozze?» chiese con un filo di voce. Il Kaiser Franz la ignorò e le passò alle spalle, diretto alla porta. «Ti prego, Franz, non ti deluderò», lo fermò lei, in tono supplichevole. «Ho ancora un po' di tempo per prepararmi e la contessa Esterházy è una straordinaria insegnante.»

I due sposi guardarono l'arciduchessa, in attesa di un verdetto. «E dovrà giudicare se la preparazione è sufficiente», concluse Sophie. «Ma la tua buona volontà promette bene», aggiunse, prima di seguire il figlio fuori dalla stanza.

Nel frattempo, a Vienna, nello studio del Kaiser, il conte Grünne annunciava l'arrivo della delegazione ungherese a corte. Il canto del gallo salutò il nuovo giorno al castello. L'erba del parco ancora carica di rugiada iniziava appena a scaldarsi ai primi tiepidi raggi di sole, quando la contessa Esterházy scese di corsa le scale, seguita da due cameriere. Non era mai troppo presto per pensare al proprio dovere, secondo la governante di corte.

«Portatemi la cuffietta e un caffè molto forte», ordinò alle giovani che le correvano dietro. «Predisponete tutto per la lezione, cominceremo appena l'imperatrice s'alzerà dal letto. Oggi affronteremo le lingue straniere.

Dubito che potrà apprendere qualcosa nel poco tempo che c'è», aggiunse, scettica, «ma comunque, animo e mettiamoci al lavoro.»

Non confidava affatto nella capacità di quella ragazza pigra e insolente di portarsi alla pari con il compito che l'aspettava. Il ricevimento dei Territori della Corona era un evento di grande portata diplomatica e dagli equilibri delicati. L'impero austriaco si fondava sulla convivenza di popoli molto diversi, che avevano già dato chiari segni di scontento e insofferenza. Riceverli a Vienna era un gesto importante da parte del Kaiser, ma il minimo scivolone diplomatico, la minima gaffe rischiava di avere conseguenze gravissime sulle alleanze dell'impero.

La contessa entrò a passo rapido in sala da pranzo e si fermò di colpo. Non avrebbe potuto essere più stupita. L'imperatrice era già lì, perfettamente abbigliata, e leggeva un libro mentre faceva colazione.

«Direi che è tempo di cominciare, contessa», la accolse Sissi con un sorriso, posando il volume che reggeva fra le mani. «Abbiamo un ricevimento imminente.»

Poco più tardi, in uno dei salotti del castello, Sissi approfittava del momento dell'acconciatura per ripassare i nomi dei personaggi illustri che avrebbe dovuto ricevere a Vienna. La contessa Esterházy era in piedi accanto a una grande mappa e la indicava di volta in volta con una bacchetta. Le cameriere nel frattempo pettinavano e asciugavano con il ventaglio, ciocca per ciocca, i lunghissimi capelli dell'imperatrice.

«Regno Lombardo-Veneto», recitò Sissi, dopo un attimo di esitazione. «Sua Eccellenza... Sua Eccellenza il Governatore Generale, conte Strasaldo an Bach», concluse, pronunciando la carica in italiano, con un accento un po' incerto.

La duchessa tornò a picchiare sulla mappa. «Più veloce, Maestà», la incalzò.

Sissi prese un profondo respiro e prosegui. «Regno della Boemia, jeho Excelence Pán Guvernér Baron z Méscern.» Fece una pausa. «Forse la carta è un pochino...»

«La carta sta bene com'è», ribatté la duchessa. «Ora il territorio più importante.»

«Regno d'Ungheria», disse Sissi. «*Övé fenség gróf Draskóczy István.*»

La governante sgranò gli occhi, stupita, al sentirla parlare un ungherese perfetto. L'imperatrice aveva dato il benvenuto al conte István Draskóczy nel suo idioma, non che la contessa fosse stata in grado di comprendere quello che aveva appena detto.

«Perché parlate così bene ungherese?» chiese, incuriosita.

«*Otthon Bajorországban, volt egy magyar oktatóm. Gondolod, hogy készen állok ma estére?*» le rispose Sissi con un sorriso sfacciato. *Ho avuto un insegnante di ungherese, a casa, in Baviera,* aveva appena detto. *Pensate che potrò essere pronta per questa sera?* La duchessa la guardava senza avere capito una sola parola.

«Dopo i rivolgimenti diplomatici, daremmo un segnale importante se l'imperatrice fosse presente al ricevimento.»

«Draskóczy», disse Franz in tono sprezzante «Non s'azzarderà a negarmi il suo rispetto.»

«Se gliene darete motivo, sì.»

L'imperatore si voltò. «Glielo darò. Ho intenzione di impartirgli una lezione d'umiltà.»

«Le ferite degli ungheresi sono ancora aperte», gli ricordò Grünne, seguendolo verso la scrivania.

Il Kaiser si dedicò a studiare un documento e lo ignorò. «C'è altro, Grünne?»

Il conte sospirò. «No, nient'altro, Vostra Maestà.»

Capitolo 23

«STATE un passo indietro e lasciate a vostro marito le questioni delicate», rammentò a Sissi la contessa Esterházy durante il viaggio in carrozza fino a Vienna. «E soprattutto ricordate di non parlare mai prima che abbia parlato lui, vi è chiaro?»

Sissi annuì. Era magnifica, nel lussuoso abito di seta con il corpetto impreziosito da ricami dorati. Indossava la corona imperiale a testa alta e per quanto non potesse dire di essercisi abituata o di portarla con disinvoltura, se non altro non aveva più la sensazione di essere un'impostora, ogni volta che gliela posavano sul capo.

«E sappiate un'altra cosa», aggiunse la contessa, chinandosi verso di lei e abbassando la voce. «Vostro marito e il conte István Draskóczy si odiano. Se andassero male i rapporti con la delegazione ungherese, Dio ci salvi. E salvi il nostro regno», aggiunse in un tono cupo che non era da lei, ben diverso da quello un po' petulante con cui impartiva gli ordini di solito. L'imperatrice, che era già abbastanza nervosa, ebbe un brivido.

La carrozza imperiale fu accolta da ovazioni e arrivò alla

Hofburg fra due ali di folla, che sventolava le bandiere ed esultava al suo passaggio. Molte di quelle persone erano in piedi da ore, per rendere omaggio alla nuova imperatrice anche solo per pochi secondi. La felicità che la sua presenza suscitava nel popolo era ogni volta motivo di orgoglio e stupore per Sissi. Sapeva di essere la protagonista di una fiaba per loro, una fiaba che li aiutava a dimenticare la difficile situazione del regno e che li portava lontano, facendoli sperare in un futuro migliore. Nessuna di quelle persone era interessata alle sue difficoltà personali o ai suoi timori e il suo compito, come moglie del Kaiser, era continuare a far sì che ne ignorassero l'esistenza. Per il bene dell'impero. Ecco a che cosa serviva quel protocollo che odiava tanto, il senso ultimo di tante norme e di tanta fatica. E comprenderlo, finalmente, gliele rese meno odiose.

Franz le andò incontro non appena scese dalla carrozza e le porse il braccio con un'espressione ancora corrucciata. «Mi auguro che tu sappia ciò che fai», disse.

«Mi auguro che la tua notte sia stata lieta», ribatté lei con un sorriso e posò con grazia la mano sulla sua, scatenando nuove urla di gioia.

«Sissi! Sissi!» urlava la folla.

L'imperatrice si voltò per salutare con un cenno e il suo sguardo per un attimo si soffermò su una bambina magra dai capelli rossi, che saltava di gioia agitando un piccolo mazzo di fiori gialli. Attorno a lei, altre bambine ridevano felici. Stava per girarsi, quando un viso nella ressa catturò la sua attenzione. Tornò a guardare con più attenzione, senza smettere di incedere a passo regale accanto al marito, e il suo cuore ebbe un tuffo.

Pensò più rapidamente che poté e infine le venne un'idea. Si fermò, sotto lo sguardo stupito del marito, e si diresse verso la gente tenuta a bada dalle guardie. Frugò nella borsetta e trovò la scatola di bonbon alla violetta che le aveva regalato la duchessa davanti alla porta della camera nuziale. Si avvicinò alle bambine, la aprì e iniziò a distribuire le caramelle, mentre scrutava affannata fra i volti che le si accalcavano attorno.

«Calma! Calma!» rise Sissi, mentre le piccole mani le si aggrappavano ansiose. «Sono tutte per voi!» Poi alzò gli occhi e incrociò lo sguardo della sua ex damigella. «Mi dispiace», mormorò.

Fanny, che era riuscita a farsi strada fra la gente e ad avvicinarsi abbastanza da poterla sentire, ma senza essere notata, annuì con un debole sorriso. Nel frattempo la folla si faceva sempre più inquieta e tumultuosa.

«Ancora una, Maestà, ancora una!» gridavano.

«Evviva l'imperatrice, evviva! I bonbon! Grazie, Maestà! Viva l'imperatrice Elisabeth! Grazie, grazie!»

«Grazie, Maestà, grazie!»

«Ancora una per me!» strillava la bambina dai capelli rossi.

L'arciduchessa Sophie osservava turbata la scena dall'alto degli scalini e scosse appena la testa, contrariata. Franz esitò e si guardò attorno, altrettanto preoccupato. Temeva per la sicurezza personale della moglie, ma al tempo stesso si rendeva conto del significato e dell'importanza di quelle esclamazioni di gioia. Lui più di chiunque altro sapeva di avere bisogno che il suo popolo amasse l'imperatrice e ritrovasse il sostegno e la fiducia nella corona.

«Dove ti trovo?» mormorò intanto Sissi a Fanny, senza smettere di distribuire le caramelle.

Fanny le passò un minuscolo foglietto accartocciato e

la bambina dai capelli rossi ne approfittò per strapparle di mano la borsetta e scappare via fra la folla.

La situazione iniziava a sfuggire al suo controllo, si rese conto Sissi. Le persone si spintonavano sempre più forte per poter toccare l'imperatrice e le urla erano sempre più agitate.

Fanny si ritirò fra la calca con discrezione e Sissi tornò al suo posto, accanto al marito.

«Hai rischiato di perdere la vita, sai?» la rimproverò Franz, ma a Sissi non sfuggì il suo sorriso ammirato.

Il bastone del cerimoniere risuonò cupo sul pavimento del salone del palazzo imperiale. Le delegazioni dei Territori attendevano di essere ricevute in uno sfavillare di medaglie e onorificenze appuntate sul petto delle uniformi di gala. L'atmosfera però non era affatto festosa, come avrebbe potuto sembrare fra tanta eleganza. Nonostante gli inchini e il cerimoniale, lo spirito dei presenti era quello di una trattativa diplomatica complessa e piena di trappole.

«La delegazione del Regno Lombardo-Veneto», annunciò il cerimoniere, «condotta da Sua Eccellenza il governatore Michael conte di Strasaldo an Bach.»

L'uomo si tolse il copricapo e avanzò verso gli imperatori, seduti sul trono. Rese loro omaggio con un inchino, imitato dal seguito della sua delegazione, poi si avvicinò e baciò la mano guantata che Sissi gli porgeva.

«Come vanno le cose da lei?» chiese il Kaiser in un italiano impeccabile e in tono cordiale.

«Molto bene», rispose il governatore.

«Abbiamo bisogno di lei, per la stabilità dei nostri Paesi», proseguì Franz.

Il governatore accennò un sorriso. «Oh, quei pochi insorti non possono competere con il nostro esercito.»

Sissi si fece coraggio e, dopo aver lanciato una rapida occhiata alla contessa Esterházy, prese la parola. «Conte di Strasaldo an Bach, spero di vederla ancora», disse in un italiano che non era forse all'altezza di quello del marito, ma dall'accento quasi perfetto.

«Grazie», rispose il conte, con un sorriso compiaciuto.

Franz e la madre si scambiarono uno sguardo stupito, mentre la governante sollevava il mento, soddisfatta.

Il bastone del cerimoniere tornò a risuonare e quando Franz vide chi si preparava in fondo alla sala, il suo sguardo si fece duro e affilato. Accanto al trono, leggermente in disparte, l'arciduchessa serrò le labbra in un'espressione ostile.

«La delegazione di Stato per il regno d'Ungheria», annunciò il cerimoniere, «condotta da Sua Altezza serenissima il conte István von Draskóczy.»

Il conte ungherese avanzò a passo lento, lo sguardo fisso sul viso del Kaiser in un chiaro atteggiamento di sfida, i folti baffi che incorniciavano una smorfia sprezzante.

Arrivò sotto il trono e accennò un inchino rigido, imitato dalla sua delegazione.

Sissi sorrise, sperando di sciogliere la tensione, ma non bastò. Lo sguardo del marito era feroce e quello del conte non era da meno. I due uomini si fissarono in silenzio e nessuno prese la parola. L'ungherese si limitò a uno sbuffo sdegnoso e stava per passare oltre, lasciandosi dietro un silenzio carico di significati preoccupanti, quando l'imperatrice sbalordì i presenti prendendo la parola.

«*Nagyon köszönöm a figyelmet, gróf Draskóczy*», disse in un ungherese perfetto che suscitò più di un'occhiata ammirata nella sala. «*Annyit hallottam csodá-latos országáról, hogy a legnagyobb vágyam az, hogy magam is oda utazzam a közeljövőben.*»

La contessa Esterházy tratteneva a stento l'orgoglio, mentre l'arciduchessa non avrebbe potuto essere più stupita.

Sissi trattenne il fiato, nel silenzio che seguì. Aveva ringraziato il conte per la sua visita e gli aveva detto di avere sentito tessere le lodi del suo meraviglioso Paese e che il suo maggior desiderio era recarcisi in un futuro che sperava prossimo. Nulla di sconveniente, dunque, ma aveva imparato che bastava una sillaba a corte per cambiare di segno le situazioni.

Il conte ungherese avanzò di un passo, con un'espressione stupita.

«*Még szebb és kedvesebb vagy, felség, mint amennyit el tudtam képzelni*», disse, tessendo le lodi della sua bellezza e gentilezza. Poi si schiarì la gola e aggiunse, in un tedesco impacciato. «Posso forse avanzare una supplica alla riverita Vostra Altezza?»

Sissi non esitò a rispondere, «*Kérem, forduljon a legkiválóbb férjemhez Ferenc József*», disse, guardando il Kaiser, «*aki sokszor felülmúl engem kedvességben és kegyelemben.*»

Vi prego di rivolgere la vostra supplica a mio marito, Sua Altezza Franz Joseph, aveva appena detto, *che per quanto attiene a gentilezza e misericordia supera di molto la mia persona.*

«Vostra Maestà, per favore», iniziò il conte rivolto al Kaiser, con uno sguardo rispettoso e un tono più mite, «fate che le vostre nozze passino alla storia non solo come simbolo di grande amore, ma anche come rinnovato segno di grazia.»

Nella sala calò il silenzio, non si sentiva neppure il frusciare dei tessuti pregiati degli abiti delle dame.

«Che cosa domandate?» chiese Franz in tono asciutto.

«Vi prego, richiamate tutti gli esiliati, e perdonate i rivoluzionari.»

Fra i presenti corse un mormorio stupito e diverse teste si voltarono. Tutti gli occhi erano puntati sul Kaiser. Lui esitò, dopo uno sbuffo ostile, e si voltò verso la moglie, cercando la risposta giusta sul suo viso.

«Accoglierò la vostra supplica», rispose infine.

Sissi era raggiante. Poco lontano da lei, la contessa Esterházy sospirò sollevata.

«Grazie, Vostra Maestà», rispose il conte, con un cenno rispettoso del capo. Guardò Franz negli occhi con riconoscenza. «Di questo vostro atto non vi pentirete.»

Quella sera, nella camera da letto imperiale, Sissi osservava il marito senza sapere che reazione aspettarsi da lui. Franz era in maniche di camicia e guardava fuori dalla finestra, verso il parco immerso nel buio, dandole le spalle.

Dopo qualche istante, Sissi mosse pochi passi timorosi nella sua direzione.

«Se anche oggi ho varcato il segno, io...»

«Hai agito benissimo», la interruppe il Kaiser, senza voltarsi. «Meglio di quanto avrei fatto io.» Si voltò e la raggiunse. «Grazie», disse, ma il tono era ancora freddo e distante, e si voltò subito per andarsene. Sissi lo afferrò con decisione per il braccio e lo attirò verso di sé, senza incontrare resistenza.

«Amami», disse, fissandolo negli occhi azzurri.

«Ma...»

«Fa' l'amore con me», ripeté lei, senza traccia di esitazione. Gli posò le mani sul petto e sentì il cuore che batteva rapido, il respiro appena affannato. «Puoi farlo», mormorò.

L'imperatore la fissò per qualche istante, poi avvicinò il viso a quello della moglie e posò piano le labbra sulle sue. Dei pochi baci che si erano scambiati, nessuno era mai stato così lento e delicato, quasi intimorito e riconoscente. E Sissi capì di essersi finalmente guadagnata il rispetto del marito.

Capitolo 24

La luce della luna rischiarava il viso un po' impaurito di Sissi e gettava sulle lenzuola un chiarore azzurrino.

L'imperatore, disteso sopra di lei, stava consumando le nozze e si muoveva bruscamente fra le sue gambe, alla ricerca del piacere che era solito esigere dalle prostitute e dalle cortigiane. Il corpo muscoloso scattava sempre più rapido, strappando ogni volta piccole smorfie di dolore alla moglie, di cui non sembrava accorgersi. Franz la fissava negli occhi e proseguiva imperterrito nel proprio dovere, come considerava quello che stava accadendo nella camera imperiale. Non aveva mai conosciuto un altro modo di sfogare le proprie pulsioni che quello, non si era mai interrogato su ciò che poteva dare piacere alle sue compagne o sulle sensazioni che provavano. Era troppo abituato a essere assecondato e compiaciuto, in ogni aspetto della propria vita, per pensare che nell'intimità della stanza da letto potesse funzionare diversamente.

Quando sentì la mano di Sissi che si posava sulla sua guancia, però, dopo un attimo di smarrimento, riuscì finalmente a dare un nome a quel senso di vuoto che aveva percepito accanto a sé. Il palmo caldo della moglie sul viso gli procurò una sensazione di inedito abbandono e inclinò il volto alla ricerca di quel contatto. Smise di muoversi e la guardò negli occhi e quando Sissi spostò la mano sulla nuca per attirarlo a sé, si lasciò baciare teneramente, per poi sentire che si accendeva una passione completamente nuova.

Quando Franz ricominciò a muoversi dentro di lei, era tutto diverso. Questa volta erano in due a cercarsi. Sissi si inarcò e iniziò a gemere di un piacere che non conosceva, così diverso da quello che si procurava da sola. Il respiro ansimante della moglie raddoppiò il piacere di Franz, finché non poté trattenersi oltre e giunse all'orgasmo come non gli era mai capitato prima, perdendo del tutto il controllo e arrivando al fondo della propria parte più selvaggia e animale.

Sotto di lui, Sissi lo guardava spaventata da quella trasformazione improvvisa, ancora spaesata fra i segreti del sesso e dell'amore.

Franz rimase fermo per qualche istante, il respiro affannato, il petto sudato, poi si lasciò andare su di lei e appoggiò il viso al suo seno.

«Ti ho fatto male?» le chiese, mentre riprendeva fiato.

Lei gli fece scorrere le dita sulla schiena. «Mi hanno detto che la prima volta succede sempre», mormorò. «Ma è stato bello. E poi, sai...» aggiunse con un sorriso, al ricordo. Franz si alzò per guardarla in viso. «Mia sorella mi ha anche detto che se si prova tanto dolore, allora...» Scoppiò a ridere, imbarazzata. «Vuol dire che nascerà un erede.»

Un largo sorriso comparve sul viso dell'imperatore.

«Un erede al trono...» mormorò, fissandola, per poi chinarsi e baciarla.

Franz si svegliò di colpo, coperto di sudore, riemergendo da un incubo che ormai era diventato ricorrente. Gli capitava sempre più spesso di ritrovare in sogno la donna ungherese di Arad dagli occhi chiari, che con il viso distorto dall'odio e dal dolore gli scagliava addosso la propria minaccia.

Si voltò verso Sissi, che dormiva tranquilla accanto a lui, e si alzò dal letto. Non era ancora sorto il sole, ma indossò comunque la veste da camera e suonò il campanello.

Un istante dopo il suo cameriere personale si affacciò nella stanza, abbigliato per la notte e con una candela in mano che rischiarava appena l'oscurità della stanza.

«Buongiorno, Vostra Maestà», lo salutò Ketterl. Se era stupito o infastidito per essere stato svegliato nel cuore della notte, non lo diede minimamente a vedere.

Sissi aprì gli occhi, si sollevò a sedere e guardò il marito. «Dove vai?» chiese con la voce rotta dal sonno.

«Ho molto da fare dopo il tuo intervento con la delegazione ungherese», rispose lui, allegro.

Sissi sorrise. «Ti occorre il mio aiuto?»

«Goditi pure la noia. Prima che dieci eredi ti tormentino», aggiunse prima di uscire.

Rimasta sola, Sissi tornò a sdraiarsi pigra sulle lenzuola e ripensò alla notte appena trascorsa. Si voltò e affondò il viso nel cuscino su cui aveva dormito l'imperatore, cercando il suo odore e le sensazioni che le aveva procurato solo poche ore prima. Poi si ricordò.

Si allungò sul letto e prese la piccola borsa di tessuto in

cui aveva nascosto il biglietto che le aveva passato Fanny il giorno prima. Lo estrasse e lo lesse.

«Al mercato del carbone», c'era scritto con una grafia incerta, sul foglio sporco e stropicciato.

Sissi sorrise.

La porta della stanza si spalancò di colpo, facendola sussultare, e la contessa Esterházy entrò con un codazzo di cameriere. L'imperatrice nascose subito il pezzetto di carta. La governante, il viso illuminato dalla candela che reggeva fra le mani, schioccò le dita imperiosa e il suo seguito si disperse nella stanza per accingersi ai propri compiti.

Mentre Sissi si preparava, Franz era già al lavoro nel suo studio, impegnato a firmare alcuni documenti.

«Così di buonora?» chiese l'arciduchessa Sophie, raggiungendolo.

Franz le sorrise. «Potrei farti la stessa domanda.»

La madre si avvicinò allo scrittoio e scrutò i fogli che richiedevano l'attenzione del figlio. Il suo sguardo si incupì.

«Non dovresti lasciare che il tuo buonumore ti induca a decisioni avventate», disse, in tono severo. Si chinò per leggere meglio il nome vergato sulla carta. «Il conte Gyula Andrássy?» chiese incredula. «Se gli concedi la grazia, ti salvi Iddio. Ci ha combattuti aspramente. Perdonarlo sarebbe segno di debolezza.»

Franz si irrigidì, sotto lo sguardo deluso di Sophie, e ogni traccia del buonumore di poco prima svanì. Non c'era nessuno che riuscisse a farlo dubitare di se stesso come la madre. Sapeva bene di essere salito al trono per merito suo, dopo che lei aveva convinto il marito a rinunciarvi, ed era altrettanto consapevole di esserci arrivato ancora inesperto e nel periodo peggiore per la casa regnante degli Asburgo. Il giudizio di Sophie pesava più di quello di chiunque altro e i passi della madre che si allontanavano risuonarono alle orecchie dell'imperatore come tante parole d'accusa.

Franz fissò il foglio che aveva appena firmato, improvvisamente incerto. Dopo un attimo di esitazione, lo strappò in due.

Capitolo 25

QUALCHE ora più tardi, già vestita e acconciata, Sissi passeggiava per il salottino sorseggiando un tè alla violetta, seguita dal solito stuolo di cameriere. Era inquieta, come sempre. Il suo corpo era troppo avvezzo all'esercizio fisico per abituarsi ai divani e alle poltroncine del palazzo, dove sembrava condannata a trascorrere le proprie giornate. L'arciduchessa non approvava i suoi giri a cavallo ed era escluso che potesse allontanarsi dalla Hofburg senza una scorta imperiale. Così era costretta a limitare le proprie peregrinazioni alle stanze della residenza, dove le capitava di passeggiare anche per ore. Era raro vederla seduta e le dame erano costrette a seguirla nel suo girovagare senza meta per i corridoi del palazzo.

Quel mattino però Sissi aveva un obiettivo ben preciso, mentre fingeva di camminare rilassata. Attraversò il salotto, si avvicinò alla porta, posò la tazza su un tavolino lì accanto e, dopo essersi voltata rapidamente verso le domestiche, approfittò della loro distrazione al momento della riverenza e iniziò a correre a perdifiato.

Le cameriere e la contessa Esterházy, colte alla sprovvista, tardarono a reagire e, quando si lanciarono all'inseguimento, erano in netto svantaggio. Mentre Sissi percorreva agile a grandi falcate sui pavimenti di marmo e i tappeti pregiati, le altre si affannavano goffe nelle ampie gonne, senza riuscire a raggiungerla. L'avevano appena intravista svoltare l'angolo, quando una giovane cameriera incespicò nel varcare la soglia e tutte le altre andarono a sbattere contro di lei, crollandole addosso.

«Correte! Avanti!» strillava la contessa, senza fiato.

Ripresero a inseguirla e giunsero a uno dei corridoi principali. Dell'imperatrice, però, non c'era traccia.

«Dov'è andata?» gridò la governante, esasperata, guardando da una parte e dall'altra. «Dovreste tenervi più in forma. Voi, di là. Voi, con me», ordinò. «Se ci scappa, che Dio ci aiuti», aggiunse fra i denti.

«Le uova delle nostre oche! Venite a scegliere le migliori!»

«La carne più fresca di Vienna! Accorrete!»

«Mele! Chi vuole mele a buon prezzo?»

Le voci delle contrattazioni si intrecciavano nell'aria satura di odori. Le galline starnazzavano in un recinto e alcuni bambini giocavano fra le bancarelle, strappando urla di protesta ai commercianti ogni volta che allungavano la mano verso la merce. Il mercato era in pieno svolgimento quando Sissi attraversò la piazza, nascosta sotto l'ampio pastrano nero, con il cappuccio sollevato a coprirle il viso.

La gente che la urtava e le tagliava la strada non aveva idea di essere così vicina all'imperatrice in persona. Sissi accelerò il passo. La puzza della carne esposta al sole e della frutta e della verdura marcia gettate in un angolo aggrediva le sue narici delicate, avvezze alle essenze di corte.

Superata una bancarella che esponeva grossi tagli di carne e lunghe file di salsicce appese come tante decorazioni, l'imperatrice si guardò intorno, indecisa. Poi vide un grande portone di legno e si diresse da quella parte.

Una volta dentro, si ritrovò in un corridoio stretto e scuro, rischiarato a stento da una piccola finestra quadrata. L'aria era soffocante e dovette attendere qualche minuto prima che gli occhi si abituassero abbastanza da riuscire a distinguere lo spazio attorno a lei. Tastando le pareti arrivò a una maniglia e bussò con decisione alla porta. Un attimo dopo, Fanny le aprì e la guardò con un'espressione sorpresa e diffidente.

Sissi la osservò. Non era più la damigella elegante che ricordava, ma non era neanche la ragazza dal trucco pesante e dall'abbigliamento volgare che aveva conosciuto la prima volta. La giovane portava i capelli sciolti sulle spalle, ben pettinati, indossava abiti modesti e fumava da un lungo bocchino scuro.

«Non credevo che ti avrei rivista», disse Sissi, entrando in una piccola stanza ingombra di oggetti, con un tavolo di legno grezzo contro una parete, un camino e un letto in disordine. L'unica luce proveniva da una piccola finestra in alto sul muro.

«E ti sono mancata?» chiese l'altra in tono provocatorio, prima di dare una lunga boccata. «Il tuo intervento mi ha colpita. Il popolo ti adora.»

Le offrì la sigaretta, che Sissi accettò con qualche esitazione. «Come tutti», disse con un sorriso.

«Il mio aiuto non ti serve più», commentò Fanny. «È un vero peccato.»

Sissi diede un breve tiro dal bocchino e iniziò a tossire. «Ho ancora molto da imparare, invece», rispose, appoggiandosi al letto disfatto. Quindi frugò sotto il pastrano e le tese una borsa piena di monete.

«Per cos'è?» chiese Fanny senza prenderle, ma aggrottando la fronte.

«Perché mi hai accompagnata. Così non dovrai più...»

«So badare a me stessa», la interruppe la ragazza. Non era offesa dalla proposta, ne aveva accettate ben di peggiori. L'umiliazione che aveva provato quando era stata cacciata dalla residenza imperiale, però, le bruciava ancora. Non sarebbe stata più così rapida a fidarsi della generosità altrui. Preferiva contare solo sulle proprie risorse; sarebbe arrivata meno lontano, forse, ma non si sarebbe più sentita tanto vulnerabile e impotente.

Si sedette sul letto accanto all'imperatrice, avvicinò il viso al suo e la guardò negli occhi. «Che vuoi davvero da me?»

Sissi le prese la mano ed esitò per qualche istante, temendo che ridesse di lei. Poi si fece coraggio, confortata da quel contatto. «Ho una domanda: come devo fare per restare incinta?»

Fanny sorrise. «Devono avere davvero fretta, a palazzo.»

«È solo che non vorrei che a lui venissero dei dubbi.»

«È chiaro.» Fanny la guardò negli occhi. «In un mese, sei fertile solo in un paio di giorni.»

«E quali sono?» chiese l'imperatrice, smarrita.

«Te lo dirà la tua voglia.»

I colpi secchi delle lame riecheggiavano nei corridoi della Hofburg, insieme ai respiri affannati dei due uomini. Nel salone, sul campo di battaglia disegnato da un pregiato tappeto blu e rosso, il Kaiser e il conte Grünne si sfidavano a duello per tenersi in esercizio.

«Siete in forma, oggi», commentò il conte, quando l'imperatore lo costrinse a indietreggiare più di una volta, schivando i suoi affondi.

«E ho anche dormito poco», rispose Franz. Tornarono subito a incrociare le lunghe spade e di nuovo l'imperatore ebbe la meglio, mettendo l'altro in difficoltà. «Ora facciamo sul serio.»

Il duello si fece sempre più rapido e violento, le lame si respingevano con decisione e il suono metallico vibrava nell'aria. Il Kaiser aveva appena evitato abilmente una stoccata, quando un colpo di tosse lo distrasse.

«Vostra Maestà», lo salutò il suo cameriere personale, fermo accanto alla porta.

«Mi auguro che l'interruzione sia necessaria», rispose Franz. «Potrebbe costare a Grünne la vittoria.» E riprese ad affondare la spada.

«Ho delle notizie dolenti», disse Ketterl.

«Dolenti?»

Franz abbassò l'arma e lo raggiunse. Dopo aver preso il messaggio che gli tendeva, ruppe il sigillo rosso e lo lesse, cupo in viso.

«I patrioti hanno assaltato il nostro luogotenente in Lombardia», informò poi Grünne. «Strasaldo an Bach è morto.»

«Che cosa volete fare?» chiese il conte, preoccupato.

I nazionalisti italiani erano una minaccia sempre più concreta per i possedimenti asburgici nell'Italia del Nord. Era ormai evidente che lo spirito di rivolta che mirava a unificare il Paese non si sarebbe dato per vinto facilmente. Come per l'Ungheria, però, anche in questo caso il Kaiser era accecato dall'orgoglio e dal desiderio di perpetuare quel modello di sovranità assoluta che la storia sembrava volergli strappar via da sotto i piedi. Quello stesso modello che la madre era tanto determinata a difendere, a ogni costo.

Franz esitò, l'energia del duello che gli scorreva ancora nelle membra. Poi gettò via il foglio con un gesto di rabbia.

«Combattere», esclamò e si lanciò in avanti, sferzando l'aria con la lama. La sfida riprese e i gesti si fecero sempre più violenti e decisi. Messo in difficoltà, il Kaiser diede una violenta gomitata al viso del conte e poi riprese a incrociare le spade con ferocia. Grünne però ribatté colpo su colpo, senza sbagliare una mossa, e dopo un affondo mancato del Kaiser, riuscì a disarmarlo. Con un gesto fulmineo, incrociò le lame e gliele piazzò sotto la gola, dichiarando la sua sconfitta.

«Non è sempre la scelta migliore», disse il conte, con il respiro affannato.

L'imperatore gli lanciò un'occhiata minacciosa e non appena l'altro gli restituì l'arma, riprese a duellare con un grido feroce.

Capitolo 26

Sissi fece buon uso del consiglio che le aveva dato Fanny. Imparò ad ascoltare il proprio corpo, non solo durante l'intimità con il marito, ma anche in solitudine. Si fidò delle proprie sensazioni e le fu facile lasciarsi guidare dalla voglia, come le aveva raccomandato l'amica. Facile e molto piacevole.

L'imperatore infatti era un amante eccezionale e presto i loro incontri amorosi fecero arrossire le dame di corte, soprattutto quelle più indiscrete. Come accadde il pomeriggio in cui Sissi interruppe Franz nel suo studio, mentre era intento a leggere qualcuna delle tante carte che lo tenevano occupato tutto il giorno, e senza dire una sola parola lo raggiunse e lasciò cadere la veste da camera con un sorriso.

«Ho una cosa urgente da dirti», mormorò, prima di togliergli le carte di mano e dargli un bacio appassionato che gli fece dimenticare subito ogni altra questione. Fu anche l'ultimo pomeriggio in cui le dame si appostarono dietro la porta per origliare. Avevano appena appoggiato l'orecchio, infatti, che il legno iniziò a tremare con violenza, sotto i colpi di reni dell'imperatore.

Mentre Sissi si dedicava a seguire il ritmo del proprio piacere, qualcun altro a corte si premurava di verificarne le conseguenze sulla sua biancheria. Ogni mattina, infatti, la contessa Esterházy scendeva in lavanderia armata di calendario e, dopo che una cameriera le aveva esibito le mutande di Elisabeth, si appuntava il giorno e la situazione del ciclo mestruale imperiale.

Tutti a palazzo fremevano per l'arrivo di un erede e, quando la biancheria era sporca di sangue, le speranze svanivano e il conto ricominciava da capo. Fino al mattino in cui la cameriera mostrò il tessuto candido alla luce del sole che entrava dalle grandi finestre.

La contessa Esterházy guardò il calendario perplessa.

«Oggi è il trenta, vero?» chiese. La cameriera annuì. «Due, tre, cinque... sette...» contò la governante e poi si bloccò. Fissò la data e un sorriso le prese forma sulle labbra.

Alla prima occasione, Sissi sfuggiva alla rigida vigilanza che le imponevano alla Hofburg e correva da Fanny. Erano i pochi momenti in cui si sentiva finalmente libera. Nella piccola stanza buia e disordinata non doveva preoccuparsi di alcun cerimoniale o protocollo. Non c'erano regole da seguire fra quelle pareti e, se anche ve ne fossero state, Fanny sarebbe stata la prima a infrangerle.

Quando era in compagnia della ragazza, all'imperatrice sembrava di ritrovare quella parte di sé che non si era mai concessa di esplorare a fondo. La parte più temeraria e ribelle, trasgressiva e spregiudicata. C'era qualcosa, in Fanny, che le faceva desiderare di abbandonarsi al piacere e lasciarsi alle spalle ogni preoccupazione.

Così un pomeriggio le portò le paste più succulente che

le riuscì di trovare, decorate con graziosi fiori di zucchero e uno strato di panna e di crema così alto che il cucchiaino sembrava affogarci dentro.

Seduta sul letto accanto all'imperatrice, le gambe distese davanti a sé, Fanny si gustava ogni boccone di quelle delizie raffinate, che la riportavano ai pochi giorni in cui aveva potuto godere dei privilegi della vita di corte. Dalla finestra arrivavano i suoni del mercato, l'abbaiare di un cane, il vociare dei venditori che declamavano le virtù delle proprie merci e i litigi dei bambini che giocavano in piazza.

«Questo è il dolce più economico che hai trovato per la nostra merenda?» scherzò Fanny, mentre leccava il resto di panna dal cucchiaino.

Sissi rise, felice di vederla così contenta.

Mentre chiacchieravano rilassate, nessuna delle due sentì aprirsi il portone che dava sulla strada.

Lajos, come si chiamava l'uomo dai capelli lunghi e dalla barba scura che aveva salvato Fanny dagli aggressori nel vicolo, si chiuse la pesante porta alle spalle. Il viso dell'ungherese era stanco e preoccupato. Dal giorno delle impiccagioni di Arad, aveva giurato che non si sarebbe dato pace finché non avesse vendicato gli uomini giustiziati. E più passavano le settimane senza che il piano per uccidere l'imperatore si realizzasse, più l'ombra nei suoi occhi si faceva cupa e profonda.

Una risata femminile richiamò la sua attenzione. Era una voce che non conosceva e anche la risata di Fanny, che arrivò subito dopo, era diversa, più cristallina e spensierata di quelle che aveva sentito fino a quel momento. Incuriosito, si sollevò per controllare dalla piccola finestra quadrata che collegava il corridoio alla loro abitazione. E non riuscì a credere alla scena che si ritrovò davanti agli occhi.

Fanny tendeva il cucchiaio verso l'imperatrice e poi scherzava, imitandola: «Devo proprio stare attenta a non ingrassare con questi dolci o il Kaiser non mi vorrà più». Sissi teneva tanto alla dieta per mantenere il fisico snello di cui andava tanto fiera.

Sissi sorrise, poi la guardò. «Come stai tu? Hai delle novità? Racconta!» la incalzò, quando la vide cambiare espressione.

«Niente di importante.» Fanny abbassò la testa e si fece seria. «Una persona ha voluto aiutarmi.»

«Una persona?» ripeté Sissi, con un sorriso malizioso.

Fuori dalla finestra, Lajos fissava le due donne con attenzione.

«Certo, una persona», si schermì Fanny. «E ora cercherò un impiego e la vita andrà avanti.»

Sissi la osservò per qualche istante. «Ho avuto un'idea al riguardo», esclamò. «Dopodomani, intorno alle tre, vieni al teatro di corte.»

«Che cos'hai in mente?» chiese Fanny, diffidente.

«Non te lo dico.»

«Ti prego.»

Sissi le prese i dolci di mano e si portò alla bocca una grossa cucchiaiata di crema. «Sarà una sorpresa.»

Poco dopo, il cappuccio di nuovo sollevato a coprirle il più possibile il viso, Sissi usciva dal portone e attraversava la piazza del mercato a passo rapido. Era quasi arrivata al vicolo, quando un'anziana le si avvicinò mostrandole i ninnoli che aveva in mano.

«Bella signora, guardate la mia merce!» la chiamò. «Ho dei bei gioielli per una bella dama...» Sissi non le rispose, ma l'altra la afferrò per il polso, costringendola a fermarsi. «Lasciate che vi legga la mano», la supplicò e, senza aspettare una risposta, aprì il palmo per studiarne le linee.

Dopo un attimo si bloccò. Nella mente dell'anziana balenarono immagini orribili, lampi di infelicità, dolore e sciagura. «Oh mio Dio!» esclamò e la guardò con un'espressione stravolta.

In quell'istante un uomo che passava loro accanto, incuriosito dalla scena, allungò la mano verso il cappuccio di Sissi e lo abbassò di colpo.

Un attimo dopo, l'intera piazza aveva riconosciuto l'imperatrice e le si accalcava attorno, cercando di raggiungerla. Qualcuno sperava di ottenere qualcosa da lei, altri volevano solo avere il privilegio di toccarla, tutti erano increduli e non capivano che cosa avesse portato lì la loro sovrana, in quella piazza della capitale, fra le bancarelle del mercato.

«L'imperatrice!»

«Vostra Maestà, siete voi?!»

«Siete davvero voi?»

«Maestà!»

«È lei in persona!»

«Come siete bella!»

Le voci si facevano sempre più concitate e i toni sempre più aggressivi. La gente si aggrappava al mantello e la strattonava con violenza, pur di riuscire a toccarla.

«Lasciatemi andare», gemette Sissi, ma nessuno la sentì, nel tumulto generale, mentre decine e decine di mani si tendevano verso di lei.

Capitolo 27

«Altezza», gracchiò il pappagallo nella sua gabbia.

Questa volta però nessuno attorno a lui aveva voglia di ridere.

Nel grande salone, la contessa Esterházy si sventolava nervosa, mentre Sissi ascoltava a testa bassa i rimproveri della suocera, seduta di fronte a lei.

«Al Kohlmarkt», sbottò Sophie indignata. «Il Paese è in subbuglio e l'imperatrice va nei bassifondi.»

«Perché mai è in subbuglio?» chiese Sissi, senza capire. «Che cosa succede nel Paese?»

L'arciduchessa non si prese la briga di risponderle. «Cosa diavolo cercavi in quel luogo?»

Sissi tornò ad abbassare la testa. «Volevo solo stare in mezzo alla gente», improvvisò, pensando che in fondo non era del tutto una bugia, solo una parte della verità. Non sapeva come sarebbe andata a finire, se una guardia non fosse passata a cavallo e non fosse intervenuta a disperdere la folla. Quando l'aveva riconosciuta, sbalordito, l'aveva riaccompagnata subito a palazzo.

A quella risposta, la contessa Esterházy sospirò e chiuse bruscamente il ventaglio.

«La tua gita rimarrà fra di noi», la informò Sophie, dopo qualche istante. «L'imperatore ha altri problemi. Che la cosa non si ripeta più», concluse in tono severo, prima di alzarsi e uscire.

Sissi non si era mai sentita tanto mortificata. Le dispiaceva aver deluso la suocera e aver causato tanto scompiglio. Per quanto avesse bisogno di quelle piccole fughe, era consapevole delle questioni di sicurezza che le erano state ampiamente ricordate poco prima e del rischio che aveva corso.

Spostò lo sguardo sul pappagallo, che saltellava irrequieto sul trespolo, dentro la grande gabbia dorata. Sarebbe stato davvero quello il suo destino?

Il giorno in cui aveva appuntamento con Fanny davanti al teatro di corte, Sissi era più irrequieta che mai. Le tre si avvicinavano e non sopportava l'idea che l'amica la aspettasse invano e che si convincesse di essere stata abbandonata una seconda volta. Fanny avrebbe pensato che si era dimenticata di lei e che non manteneva fede alla parola data.

Sorvegliata a vista dalla servitù, però, le era impossibile uscire senza essere vista. Così le venne un'idea.

Tirò fuori il pappagallo variopinto dalla gabbia e se lo posò sulle dita, proprio mentre fuori dalla finestra risuonavano tre lunghi rintocchi delle campane. Per qualche istante vagò per la stanza con l'animale in equilibrio sulla mano, che la guardava inclinando il capo in un'espressione incuriosita. Poi lanciò un'occhiata alla cameriera più vicina, che era impegnata nelle pulizie in fondo alla sala, sollevò il braccio e lasciò che l'animale volasse via.

«Vi prego, riprendetelo!» gridò a quel punto, mentre il pappagallo sbatteva le ali contro il soffitto del salone, cercando una via d'uscita.

La cameriera accorse immediatamente, presto raggiunta dalle altre, e iniziò a inseguire l'animale per tutta la sala. Nel frattempo, Sissi usciva dalla porta senza farsi notare e scendeva di corsa il grande scalone d'accesso del palazzo, sotto l'affresco imponente.

Era arrivata a metà delle scale, quando una fitta improvvisa al basso ventre la costrinse a fermarsi e ad appoggiarsi alla balaustra.

«Dove vorresti andare?» tuonò Sophie alle sue spalle, accompagnata dall'immancabile Esterházy.

«Stavo solo uscendo a prendere un po' d'aria fresca», rispose Sissi con un filo di voce. «Non mi sento bene.»

Questa volta non aveva dovuto mentire. Al dolore si era appena aggiunto uno strano giramento di testa, tanto che rafforzò la presa, per non perdere l'equilibrio. Sentì arrivare un conato di vomito e si portò il dorso della mano alla bocca, per controllare la nausea. E non si accorse dello sguardo complice e soddisfatto delle due donne dietro di lei.

«Mi posso sedere ora?» chiese Sissi poco più tardi, con una smorfia di fastidio.

«Ancora un momento, Altezza», le rispose la voce pacata del dottor Griebe, da sotto la sua gonna.

Subito fuori dalla porta, i domestici erano ancora alle prese con la fuga del pappagallo, che si stava rivelando molto più difficile da acciuffare della sua padrona. Questa volta ci provavano con una scala, senza molto successo, mentre lui spiccava il volo da un lampadario di cristallo.

«Allora?» volle sapere Sophie, che assisteva alla visita con un viso teso.

«Cosa dite, sto bene?» chiese Sissi, in ansia.

Il medico uscì infine da sotto la veste e si alzò. «Come vi sentite?»

«Perché, che succede?» si preoccupò ulteriormente l'imperatrice. Quando intravide fra le mani del medico un fazzoletto sporco di sangue ebbe un mancamento e le cameriere dovettero aiutarla a stendersi sul letto dietro di lei, sollevando e allargando l'ingombrante vestito.

Sophie si avvicinò e chiamò in disparte il dottore con un cenno.

«Dunque?» dopo aver dato le spalle alla nuora.

«Non ne ho la certezza», rispose il medico. «Ha avuto una lieve emorragia. C'è da temere che...»

«Perderà il bambino?» tagliò corto l'arciduchessa, arrivando alla parte che più le premeva.

«Non è detto.»

«C'è qualcosa che non va, dottore?» chiese Sissi dal letto, reclinata su un grande cuscino rosso con lo stemma degli Asburgo.

La suocera e il medico si voltarono verso di lei.

«Le mie felicitazioni!» esclamò il dottor Griebe. «Vostra Maestà è in dolce attesa.»

Sissi sgranò gli occhi e per un attimo non seppe che cosa pensare. Non le era sfuggito lo scambio di occhiate preoccupate fra Griebe e Sophie e, per quanto fosse inesperta, si rendeva conto che il clima nella stanza non era quello gioioso dei festeggiamenti. A spaventarla, però, fu soprattutto il gesto di tenerezza improvviso dell'arciduches-

sa, che si avvicinò al letto e le strinse con forza la mano.
«Non temere, Sissi», disse Sophie, in un tono insolitamente premuroso, «farò qualunque cosa perché questo bambino venga al mondo in salute.»

«Consiglio vivamente il riposo, poco movimento e pasti molto nutrienti», chiosò il medico.

Distesa a letto, le mani posate sul ventre in un gesto protettivo, Sissi non riusciva a decidere se era felice o terrorizzata.

Capitolo 28

La tappezzeria scura alle pareti, i pesanti tendaggi, il letto singolo. La stanza in cui l'arciduchessa accompagnò Sissi poco più tardi non aveva niente che potesse incontrare il favore della ragazza o che servisse se non altro a risollevarle il morale.

«La tua camera», annunciò Sophie. «Le mie stanze sono qui accanto. È opportuno che tu alloggi da subito vicino a una donna esperta. Da sola», aggiunse in tono deciso.

Sissi si guardò attorno, smarrita. «E cosa dirà Franz?»

«Cosa vuoi che dica? È felice di suo figlio.»

La giovane imperatrice, che si stava spostando verso la stanza adiacente, si bloccò. «Ne è già al corrente?» chiese, incredula.

Da quando aveva saputo la notizia, non aveva pensato ad altro che al momento in cui avrebbe informato Franz. Si era immaginata la sua espressione, la luce nei suoi occhi, il modo in cui l'avrebbe stretta fra le braccia e baciata. Era stato l'unico pensiero allegro di quel pomeriggio cupo, così diverso da come si era sempre immaginata il lieto evento.

«Ovviamente», rispose Sophie.

Sissi si voltò verso di lei. «Portatemi da lui», disse, in tono supplichevole.

«Adesso è occupato», rispose con fermezza la suocera. «E tu dovresti solo riposare. Il futuro della Corona è nel tuo grembo», concluse e alle orecchie di Sissi suonò come una condanna, non come un onore.

Solo in quel momento si accorse dei due uomini in uniforme fermi davanti alla porta della stanza.

«Perché quelle guardie?» chiese, allarmata.

«Sono lì per la tua sicurezza», replicò Sophie, prima di ritirarsi.

Non appena fu uscita, le guardie spinsero i battenti, chiudendola dentro.

Era ormai sera, quando finalmente Franz la raggiunse nei suoi nuovi alloggi. Per prima cosa, Sissi aveva fatto portare lì la grande gabbia del pappagallo e l'aveva fatta sistemare vicino alla finestra. Era l'unico essere vivente con cui le sembrava di poter conversare, rinchiusa lì dentro.

Gli stava dando da mangiare e gli parlava in tono affettuoso, ottenendo in cambio un gracchiare indeciso, quando l'imperatore entrò. Sissi gli corse incontro e gli gettò le braccia al collo, ridendo di gioia.

«Dove sei stato?» chiese, dopo averlo baciato sulla bocca. Lui con un cenno le indicò la porta della stanza accanto, dove dormiva l'arciduchessa, per invitarla alla prudenza. Sissi abbassò la voce. «Tua madre vuole che alloggi qui, ora», lo informò, in tono mesto.

«Sì, l'ho saputo», rispose il Kaiser, accarezzandole piano i capelli. «Ma sono davvero felice per noi.»

«Anch'io, tanto.»

Si baciarono e presto il bacio da tenero si fece appassionato. Sissi si stava già spostando verso il letto e cercava di togliergli la giacca, quando lui la bloccò. Il respiro dell'imperatore era leggermente affannato, ma il suo sguardo era fermo.

«Non possiamo fare l'amore, per ora», le disse.

Lei si bloccò. «Per quale motivo?» protestò.

Le lacrime che aveva trattenuto per tutto il giorno stavano per affiorarle agli occhi e fece di tutto per scacciarle. Non voleva che quel giorno diventasse ancora più triste. Aveva aspettato quel momento per mesi, convinta che a quel punto avrebbe avuto qualcosa che fosse soltanto suo, qualcosa che non apparteneva alla corte, ma a lei. Credeva che un bambino le avrebbe dato l'autonomia che desiderava e di cui aveva bisogno. Adesso che era arrivato, invece, erano riusciti a rubarle anche quello.

«Dobbiamo fare in modo che tu dia alla luce un bambino sano», le spiegò Franz in tono paziente. «Anche per me sarà un sacrificio non venirti a trovare tutte le notti.»

Quindi le prese il viso fra le mani, la baciò sulla fronte e uscì.

Arrivato nella camera da letto imperiale, il Kaiser si tolse la giacca con gesti lenti, la sistemò e iniziò a slacciare i polsini.

«Chi ti ha fatta venire?» chiese, senza neanche avere bisogno di voltarsi.

Si era accorto subito della donna seduta in poltrona in un angolo della stanza. E aveva intuito il motivo della sua presenza.

«È stata mia madre?»

La donna, in abiti succinti, posò il bicchiere di liquore a cui aveva appoggiato le labbra e si alzò.

«Il dottore ha detto che la vostra salute richiede attività sessuale», mormorò con voce sensuale, mentre camminava verso di lui e si lasciava scivolare dalle spalle la veste sottile, restando a seno nudo. «Soprattutto ora che vostra moglie è incinta.»

Quando gli fu davanti, fissandolo con le labbra carnose socchiuse, iniziò a sbottonargli la camicia. Poi abbassò le bretelle e, dopo, un'occhiata allusiva, si mise in ginocchio davanti a lui e passò a fare altrettanto con i pantaloni.

Capitolo 29

SEDUTA a gambe incrociate sul letto, Sissi non sapeva più come passare il tempo. Perfino il vociare indistinto che arrivava dall'esterno del palazzo era diventato una distrazione, in quelle giornate lunghissime che sembravano non finire mai. Il riposo e il poco movimento ordinati dal medico erano una condanna, per una ragazza che non sopportava neppure di restare seduta poche ore di fila.

Quando sentì alcuni passi avvicinarsi alla porta, quindi, raddrizzò subito la schiena e tese le orecchie, impaziente di scoprire chi fosse. C'era una sola persona, del resto, che desiderasse davvero vedere, e si augurò che l'imperatore fosse riuscito a ritagliarsi il tempo per andare a trovarla.

Non era Franz, però. Era una visita molto meno gradita.

La contessa Esterházy entrò a passo rapido e, dopo la solita riverenza, sembrò esitare. Sissi studiò il viso della governante. Aveva qualcosa di diverso dal solito, una sorta di inquietudine. Per una volta, non sembrava sul punto di impartire ordini e di redarguirla.

«Contessa», la salutò Sissi.

«Altezza. Vorrei parlarvi», disse la governante. «A dire

il vero, ho una preghiera», proseguì, dopo avere lanciato un'occhiata nervosa verso la porta che comunicava con la stanza dell'arciduchessa Sophie.

«Per me?» chiese Sissi stupita. «Non ho voce in capitolo a corte.»

La duchessa si avvicinò. «Vi sbagliate», rispose. «State bene?»

«Per quanto si possa star bene rinchiusa qui.»

La donna prese posto di fronte a lei. «Mi spiace per voi. Ma l'arciduchessa ha a cuore la salute vostra e di vostro figlio.» Sissi non riuscì a trattenersi e alzò gli occhi al cielo. Poi il tono di voce cambiò e si fece più basso e confidenziale. «So chi volevate raggiungere quando stavate scappando. Il vostro segreto sarà ben custodito», aggiunse subito la contessa Esterházy. L'imperatrice sgranò gli occhi, stupita. L'altra si sporse in avanti e le strinse le mani, in un gesto protettivo così insolito che Elisabeth iniziò a sospettare che ci fosse in gioco qualcosa di molto più importante della sua amicizia con Fanny. «Lei vi ha aspettata a lungo davanti al teatro. Davvero pensavate che le avreste procurato un impiego di nascosto?» La contessa si raddrizzò. «Potrei aiutarvi a recapitare una missiva alla vostra amica.»

«E perché fareste questo per me?» domandò Sissi scettica.

La governante si guardò alle spalle e passò a un tono serio e cospiratore. «Se vostro marito attaccasse la Lombardia, forse anche l'Ungheria insorgerebbe contro la Corona. Pertanto vorrei farvi incontrare una persona.»

«Chi?» chiese Sissi intrigata.

«Un uomo che potrebbe impedire che si versi molto sangue. Ma non posso dirvi di più. Per la vostra sicurezza.»

Sissi si prese qualche istante prima di darle una risposta, ma già mentre iniziava a rifletterci sapeva di avere preso la propria decisione. Aveva sempre nutrito un affetto speciale per l'Ungheria, grazie al professore ungherese che le aveva impartito lezioni di storia al castello di Possenhofen, prima delle nozze. Ed era felice di tornare a fare qualcosa di utile, dopo il suo intervento al ricevimento dei Territori. Inoltre il pensiero di Fanny che la attendeva inutilmente davanti al teatro continuava a pesarle sul cuore e quella sarebbe stata un'occasione per sdebitarsi con lei e permetterle di ricominciare.

Così andò allo scrittoio, scrisse una missiva da consegnare alla sua amica e vi appose il sigillo imperiale.

«Fate in modo che la sua remunerazione sia adeguata», si raccomandò con la contessa.

«Senz'altro.»

«Non voglio che sia più costretta a restare qui per colpa mia. Quando incontrerò quell'uomo?» chiese Sissi.

«Appena potrà giungere a Vienna senza pericolo», rispose la contessa Esterházy, prima di uscire indietreggiando e chiudersi la porta alle spalle.

Il Paese era davvero in subbuglio, come aveva detto Sophie a Sissi. E i titoli dei giornali facevano eco alle preoccupazioni dei cittadini: «La Lombardia chiede l'indipendenza», «L'imperatrice è davvero in dolce attesa?», «Franz Joseph chiama alle armi».

La guerra era alle porte. I progetti di unificazione italiana minacciavano da tempo la dominazione austriaca nel Regno Lombardo-Veneto e l'appoggio di Napoleone al Regno di Sardegna, alla testa di quei progetti, si stava rivelando decisivo. Così, di fronte alle nuove sollevazioni in Lombardia, l'imperatore aveva deciso di ricorrere all'uso dell'esercito. A nulla erano valsi i tentativi del conte Grünne di dissuaderlo da quell'impresa avventata, che metteva a rischio la sicurezza dell'impero e la sua economia, già in crisi.

«Ultime notizie!» strillavano per le strade di Vienna i venditori di giornali. «La Lombardia chiede l'indipendenza! L'imperatore Franz Joseph chiama alle armi! Mobilitazione generale in tutto l'impero! Ultime notizie!»

Agli angoli delle vie si formavano capannelli preoccupati, che si riunivano per discutere gli eventi recenti, nel tentativo di comprendere che effetti avrebbero avuto sulla loro vita quotidiana. Non c'era solo la guerra ad agitarli e a offrire spunti di conversazione. Le voci sulla nascita di un erede si rincorrevano da un portone all'altro, senza trovare conferma, e i sudditi si chiedevano se fosse vero, convinti che l'arrivo di un figlio avrebbe rafforzato la casata degli Asburgo, gettando le basi per un futuro più solido.

Era soprattutto la chiamata imminente alle armi, però, a turbare il popolo. Molti sapevano già che cosa significava, erano consapevoli che numerose case non avrebbero più rivisto i propri cari, che altri sarebbero tornati feriti o mutilati, dopo aver vissuto gli orrori del campo di battaglia. I ragazzi in età di leva venivano portati via davanti agli occhi delle famiglie, strappati dalle braccia di donne che avrebbero conservato per sempre il ricordo di un figlio o un marito trascinato a forza dai soldati dell'imperatore. La guerra era una ferita inferta alla popolazione, molto più profonda di quanto fossero disposti ad ammettere i vertici militari. E le ferite suppuravano facilmente odio nei confronti di chi le aveva provocate.

Le decisioni avventate del Kaiser iniziavano a dare i frutti temuti e avrebbero avuto conseguenze molto più gravi di quanto si potesse immaginare. Conseguenze che lo avrebbero riguardato da vicino.

Capitolo 30

FANNY lesse con un sorriso la lettera che le era stata recapitata. Dopo essere andata via dal luogo dell'appuntamento, si era torturata per giorni chiedendosi che cosa fosse successo all'imperatrice. Una parte di lei, quella che portava i segni delle difficoltà in cui era inciampata nella vita, si dava della sciocca, amareggiata per aver sperato in qualcosa di diverso, per essersi illusa che l'amicizia e l'affetto fossero ciechi davanti alle differenze di rango. Un'altra parte, invece, quella che non aveva dimenticato come si faceva a sognare, era certa di avere colto qualcosa di sincero nei pomeriggi trascorsi insieme all'imperatrice. Elisabeth era riuscita a farla sentire utile e importante, quando credeva di non avere da offrire molto di più di qualche momento di piacere a pagamento, e questo non avrebbe mai potuto scordarlo.

Aveva quasi terminato di leggere la missiva, quando la porta della stanza si aprì con un cigolio. Fanny nascose subito il foglio sotto le coperte, ma all'occhio attento di Lajos non sfuggì il gesto.

Ultimamente l'ungherese rientrava a casa con il passo

sempre più pesante e l'ombra sul suo viso si faceva ogni giorno più cupa. Fanny lo guardò entrare e d'istinto si irrigidì. La violenza trattenuta di quell'uomo continuava a tenerla in allerta, per quanto con lei fosse sempre stato gentile e sapesse di dovergli molto.

«Che cos'hai nascosto?» chiese Lajos.

«Niente», rispose Fanny.

«Fammi vedere», insistette lui con voce più dura. «Che cos'è?»

Lei prese il foglietto, si alzò dal letto e lo infilò nella borsa che aveva riempito con le poche cose che possedeva. «Sono affari miei.»

Lajos si accorse del bagaglio solo in quel momento. «Che cosa vuoi fare?»

«Torno a casa. In Baviera.» Fanny andò al catino in un angolo della stanza e iniziò a lavarsi le braccia con un panno umido.

«Perché?» chiese Lajos, spiazzato. Non sembrava più arrabbiato con lei, adesso, e nei suoi occhi era apparsa la tristezza.

«Questo gioco non mi piace più.»

«Perché ti ha abbandonata un'altra volta?»

«Perché qui non c'è un impiego onesto per me», sbottò lei, esasperata.

Lajos le arrivò alle spalle, le posò una mano sul braccio nudo e le accarezzò i capelli, spostando con delicatezza una ciocca ramata. «Tu credevi davvero di poter avere un'amicizia sincera?» le sussurrò all'orecchio. «Oltre il ceto e la gerarchia? Nient'altro che due donne legate dall'affetto? Questo ti fa onore», concluse, con uno sguardo malinconico.

Fanny fece per allontanarsi, ma lui la fermò afferrandola per il braccio. «Resta qui, da me», disse, con un tono brusco che cercava a fatica la strada della gentilezza. «Troveremo un impiego. Un impiego onesto.»

Lei esitò. «Hai mandato i miei soldi come promesso?» chiese. «A Starnberg?»

Lajos annuì. «E posso dartene altrettanti, se rimani.»

Dopo un ultimo istante di indecisione, Fanny si lasciò abbracciare e posò la fronte sulla spalla larghe dell'uomo. Con lo sguardo però era lontana da lì, persa nel suo rimpianto più grande. Era la prima cosa a cui pensava ogni mattina e l'ultima a cui pensava ogni sera. Avrebbe fatto quel sacrificio, se serviva ad accorciare in qualche modo una distanza impossibile.

A Vienna non arrivava l'eco delle esplosioni durante gli scontri nelle terre del Lombardo-Veneto. Non si sentivano l'odore del sangue dei feriti, le voci concitate durante la battaglia, la puzza di fumo delle case consegnate alle fiamme, l'impotenza di chi vedeva morire o soffrire un compagno sapendo che a distinguerli era stato solo il caso. La guerra era una faccenda lontana, che svuotava però a poco a poco le casse dello Stato e aumentava a dismisura le imposte. La popolazione, già provata dalla carestia e dall'aumento dei prezzi, era arrivata allo stremo. Le proteste dunque non furono altrettanto clementi e non risparmiarono la capitale. La gente iniziò a scendere per strada e a urlare il proprio scontento e si spingeva fin sotto le finestre della Hofburg per portare il proprio messaggio ai regnanti.

Non passava notte senza che la città fosse messa a soqquadro da tumulti sempre più violenti. Armati di torce e cartelli, i pugni sollevati, uomini e donne si accalcavano davanti al palazzo imperiale e le loro urla si intrufolavano fra i marmi dei lunghi corridoi, nei salottini eleganti, perfino nelle camere da letto.

«Via l'oppressore!»

«Vergogna!»

«Libertà! Libertà!»

«Basta con la guerra!»

A volte Sissi le sentiva dalla sua stanza, in uno dei tanti momenti di solitudine che passava in piedi di fronte alla finestra, le mani posate sul ventre che arrotondava sempre di più gli abiti, in una lunga conversazione silenziosa con quella nuova vita dentro di lei.

Qualche altra volta invece le capitava di sentirle in uno dei salottini nelle altre ali del palazzo. Come il pomeriggio in cui era seduta sul divano, mentre Franz osservava preoccupato le proteste sempre più accese fuori dalla finestra.

«Sissi dovrebbe mostrarsi al popolo almeno una volta», commentò Sophie, in piedi dietro di lui. «Fugherebbe ogni dubbio sul suo stato.»

«Manderò le guardie a disperdere la folla», rispose il figlio, senza guardarla. Poi fece per andarsene, ma la madre lo fermò.

«Se vuoi vincere questa guerra, devi conquistare il loro cuore, non procurarci odio. Che cosa può succederle?»

Sissi, che li ascoltava disgustata, si alzò a fatica dal divano, sorreggendo la pancia ormai evidente.

«Dove vai?» le chiese Franz.

Lei si allontanò, senza curarsi di voltarsi verso di loro. «Scusate, se non vi dispiace, preferisco mettermi al sicuro.»

«Sissi!» esclamò Franz e la seguì.

Solo a quel punto Elisabeth si girò e rivolse al marito uno sguardo duro. «Non lascerò che nostro figlio venga strumentalizzato», dichiarò.

Quindi spalancò la porta e si trovò davanti l'ultima persona che avrebbe voluto vedere in quel momento. Sissi non aveva tardato a scoprire che Franz non trascorreva le notti da solo nel letto nuziale. Perfino l'enorme residenza della Hofburg era troppo piccola perché lei non venisse a sapere di chi si trattava.

Quando la vide prodursi in una riverenza, gli occhi intensi e provocatori sul viso apparentemente umile, Sissi le lanciò uno sguardo carico d'odio. Franz, qualche metro più indietro, abbassò gli occhi.

Capitolo 31

«Maestà.»

Sissi, che ascoltava i rintocchi delle campane davanti alla finestra, si voltò verso la porta. «Dite pure», mormorò in tono stanco. Stava arrivando alle ultime settimane di gravidanza e c'erano momenti in cui le sembrava che quel figlio le portasse via ogni energia. Anche solo restare in piedi a lungo era diventato troppo faticoso e dopo un po' era costretta a stendersi a letto.

La contessa Esterházy entrò con passo più agitato del solito. «È giunta l'ora. Vuole incontrarvi.»

Sissi sussultò e incrociò lo sguardo serio della governante. Avrebbe messo da parte la stanchezza per tutto il tempo necessario.

La carrozza imperiale attraversò le strade della capitale con le tende tirate, perché nessuno potesse scorgere i suoi occupanti. Dentro, nella luce morbida che filtrava dal tessuto dorato, Sissi e la contessa Esterházy viaggiavano in silenzio. La tensione era palpabile e non si trattava solo dell'incontro imminente, che pure turbava entrambe. Tutti quei mesi di riposo forzato e le lunghe ore di reclusione e solitudine avevano lasciato il segno sull'imperatrice. Era diventata più cupa e malinconica e non c'era più traccia sul suo viso della spontaneità e della freschezza di un tempo. Non poter condividere le notti con Franz, inoltre, e saperlo con un'altra donna, l'aveva resa ancora più amareggiata.

Dopo un attimo di esitazione, Elisabeth guardò la contessa Esterházy e le rivolse la domanda che la torturava da tempo. «Da quanto mio marito ha questa?...» Non terminò la frase, certa che l'altra avesse capito.

«Amante?» indovinò infatti la duchessa. Poi distolse lo sguardo. «Sono il frutto di un tale rapporto anch'io», confessò, spiazzando Sissi e lasciandola senza parole. «Ragion per cui il vostro destino a me fu negato», concluse, con un'occhiata d'accusa.

«Chi devo incontrare, contessa?» chiese infine Sissi, dopo qualche istante di imbarazzo.

La governante di corte si sporse verso di lei. «Colui che guida i ribelli ungheresi.»

Poco dopo la carrozza si fermò e le due donne si incamminarono per una strada secondaria, cercando di non essere notate. Sissi, che non era più abituata a uscire dalla Hofburg, era già affaticata e a un tratto dovette appoggiarsi al muro, per un malore.

«State bene?» domandò subito la duchessa.

«Sì. Non è niente», rispose lei e riprese a camminare lenta, sorreggendo la crinolina con una mano per rendere il passo più leggero.

«Dovete andare da sola», la informò la duchessa dopo qualche istante, mentre si guardava attorno. «Io vi aspetterò qui.»

Sissi entrò nelle scuderie, il luogo stabilito per l'appuntamento, e riconobbe subito il cavallo bianco che mangiava nella stalla. Era quello su cui era arrivata a Laxenburg per la luna di miele. Lo raggiunse con un sorriso e gli posò la mano sul muso, godendosi la sensazione del manto lucido sotto le dita. Si era scordata completamente che cosa si provava a quel contatto. Erano mesi ormai che non andava più a cavallo e si rese conto di quanto le fosse mancato.

«Anch'io sono contenta di rivederti», gli mormorò, senza smettere di accarezzarlo. «Sì, è vero ciò che senti. C'è una vita dentro di me.» Sorrise, finché un suono di zoccoli alle sue spalle non la costrinse a voltarsi.

Nel cortile avanzava un uomo nascosto da un cappuccio scuro. Era smontato da cavallo e, quando si accorse di lei, si scoprì il capo quanto bastava per rivelare un volto magro e segnato, e due occhi scuri e stanchi.

«Gyula Andrássy», disse Sissi.

«Altezza.» Il capo dei ribelli abbassò appena il capo in segno di rispetto e, quando lei gli tese la mano guantata, con uno sguardo di sfida, dopo un attimo di esitazione la baciò. «Sono felice che mi riceviate.»

«Avete guidato gli insorti ungheresi contro mio marito», ribatté l'imperatrice, altera. «Perché siete qui?»

«Forse sono l'unico in grado di aiutarvi a costruire una pace duratura.»

Si voltarono entrambi quando un uomo entrò a passo rapido nel cortile e si spostarono sotto un arco, dove sarebbero stati meno esposti. Sissi, che era già esausta, dovette appoggiarsi di nuovo alla parete per un attimo, al momento di salire uno scalino.

«Credo che i nostri popoli abbiano un futuro solo se procedono fianco a fianco», proseguì Andrássy.

«È quello che vuole mio marito.»

L'ungherese abbassò la testa e, quando parlò, la sua voce

era rispettosa ma decisa. «Vostro marito vessa il popolo con le tasse. Ha confiscato i beni dei nobili. Ci nega una costituzione e una giurisdizione autonome. Sono i vostri soldati a far rispettare la giustizia.»

Sissi distolse lo sguardo, infastidita da quel commento. «Che cosa volete?» chiese.

«Dignità e autonomia per il mio popolo. E la pace. E un'alleata per poterla raggiungere.»

«Sopravvalutate notevolmente la mia influenza.»

«Gli austriaci vi amano e anche gli ungheresi hanno iniziato ad apprezzarvi», ribatté lui. Poi le tese una lettera. «Questa è per vostro marito. Il tempo in cui un imperatore dominava i popoli con la spada è tramontato.» Sissi la prese e si voltò per andarsene. «Altezza?» la fermò Andrássy.

«Non posso promettervelo», rispose lei.

Il capo dei ribelli annuì, si abbassò di nuovo il cappuccio sul viso e tornò verso il cavallo.

Capitolo 32

In carrozza, dietro le tende chiuse, Sissi si rigirava la lettera fra le mani senza sapere che cosa pensare dell'incontro con il capo dei ribelli. Aveva colto la sincerità nella voce dell'uomo e le era parso nobile e di parola. Ma non poteva dimenticare che cosa aveva rappresentato per l'impero e per Franz. Inoltre c'era un dubbio che la tormentava. Quello che aveva appena fatto era stato un tradimento della Corona? Aveva mancato ai propri doveri di imperatrice, agendo all'insaputa del marito? L'istinto le diceva di no e dove non arrivava l'istinto c'era la figura arcigna e tesa della contessa Esterházy, che ora la guardava con un rispetto nuovo. Sissi poteva anche essere del tutto inesperta quando si trattava di questioni di Stato, ma quella donna no, le aveva respirate e se ne era nutrita fin da bambina. Facevano parte del suo stesso essere. Se la duchessa riteneva che quell'incontro potesse rappresentare la salvezza dell'impero, e non la sua rovina, allora doveva essere così.

Fuori dalla carrozza, il cocchiere gridava per disperdere i passanti, nelle strette vie di Vienna che portavano alla residenza.

«Spostatevi! Fate strada! Fate largo!» urlava, mentre la carrozza imperiale avanzava lenta.

«Ho una buona notizia per voi», disse a un tratto la duchessa. «La vostra amica è rimasta a Vienna.»

Sissi la guardò stupita. «Chi ve l'ha detto?» chiese.

La nobildonna accennò un sorriso freddo. «Tiene a voi più di quanto pensiate.»

Erano ormai quasi arrivati alla Hofburg, dove come ogni sera si radunava il popolo in tumulto, che agitava le torce con furia verso le finestre del palazzo. Quando si accorsero dell'arrivo della carrozza imperiale, molti si voltarono e si diressero da quella parte. Non potevano sapere chi ci fosse all'interno, dietro le tende tirate, ma sapevano che era la carrozza degli Asburgo, che consideravano i responsabili della carestia e della mancanza di lavoro, e questo bastava.

«Basta!»

«Via!»

«Libertà!»

«Abbasso l'impero!»

Le urla divennero sempre più feroci. Il cocchiere aveva serie difficoltà ad avanzare e i cavalli iniziavano a imbizzarrirsi, nella confusione generale.

«Fate largo, marmaglia! Spostatevi!»

Le grida del cocchiere erano inutili. Quando le persone si accorsero di avere messo in difficoltà il mezzo reale, si fecero ancora più audaci. Molti altri si unirono ai primi e iniziarono a percuoterlo con i bastoni e a sferrare pugni sul vetro, mentre urlavano le loro minacce. Qualcuno riuscì perfino ad arrampicarsi fino al posto di guida.

All'interno, la carrozza oscillava e i colpi risuonavano cupi dietro le tende. Sissi si posò una mano sul ventre, spaventata. Attraverso i vetri intravedeva i bagliori delle torce, sempre più vicine, i volti incattiviti che cercavano di scoprire chi ci fosse all'interno. Poi la gente iniziò a spingere più forte la carrozza, che dondolò pericolosamente.

«Andatevene! Non vi vogliamo!»

«Basta con i privilegi!»

«Libertà!»

«A morte l'impero!»

La calca ormai era fuori controllo. Sembrava che vivesse di vita propria, un unico essere violento e inferocito deciso a sfogare la propria collera.

«La rabbia per i loro caduti li fa scendere in strada», spiegò la contessa Esterházy, aggrappandosi come poteva per non perdere l'equilibrio. «Queste persone si sentono tradite dall'imperatore. Dubitano che sia davvero in arrivo un erede al trono.»

A quelle parole, il pensiero che aveva iniziato a prendere forma nella mente di Sissi acquistò determinazione. L'imperatrice trasse un profondo sospiro, si alzò e scostò la tenda dello sportello.

Le urla fuori aumentarono di intensità. Non si placarono, però, al contrario, ripresero ancora più feroci.

«Maestà!» la chiamò la governante, preoccupata. «Dobbiamo andarcene. Procedete!» ordinò al cocchiere, che però ormai era completamente accerchiato e aveva perso il controllo dei cavalli. «Che cosa volete fare? Maestà!»

Sissi non le diede retta. Aprì lo sportello e sulla folla in tumulto calò un silenzio improvviso. I bastoni e le braccia tesi con rabbia si abbassarono, qualcuno si tolse addirittura il cappello. Tutti fissavano la sporgenza sotto l'abito. L'imperatrice era davvero incinta. L'impero avrebbe presto avuto un erede al trono.

«Maestà, rientrate nella carrozza!» gridò la contessa

Esterházy. «Che cosa avete in mente? Tornate dentro! È pericoloso!»

L'imperatrice lanciò un ultimo sguardo spaventato a tutti quei visi che la fissavano dal basso, poi si voltò dando loro le spalle, si aggrappò al tetto della carrozza, prese un respiro profondo e si lasciò cadere all'indietro.

Nel salone della Hofburg, l'amante dell'imperatore gli massaggiava le spalle con gesti lenti e sensuali, sperando di rilassarlo. Franz, a testa bassa, la fronte corrugata, le scacciò le mani con un gesto brusco. Fuori dalla finestra riecheggiavano le urla di protesta che erano ormai divenute un sottofondo abituale della residenza imperiale.

«Napoleone sfrutterà qualsiasi tua esitazione», gli ricordò l'arciduchessa, in piedi davanti a lui.

«Ne sono consapevole», rispose il Kaiser, esausto.

«Allora mandagli incontro tutte le forze che hai», replicò lei con durezza.

In quell'istante, i rumori fuori dalla finestra aumentarono di intensità e risuonarono urla indecifrabili. Sophie andò a guardare che cosa succedeva.

«Franz!» chiamò subito dopo. «Per l'amor di Dio! Che cosa fa?»

Oltre il vetro, entrambi videro Sissi, sdraiata a braccia aperte sopra la folla, che la trasportava verso l'ingresso come fosse una barca sospinta dalla corrente. Decine e decine di mani si sollevavano verso l'alto per sorreggere la sovrana ed evitare che fosse ferita dalla calca.

L'imperatrice, gli occhi aperti verso il cielo, si abbandonava a loro fiduciosa, affidava la propria incolumità al suo popolo e così facendo lo rendeva suo guardiano e custode. Gli uomini che fino a un attimo prima auguravano la morte ai regnanti, ora facevano tutto quello che potevano per difenderli. Nessuno di loro era mai stato così vicino a un'imperatrice e probabilmente non lo sarebbe stato mai più. Ma in quel momento non importava, l'unica cosa che importava era che lei aveva bisogno di loro e non l'avrebbero tradita.

Franz e Sophie trattennero il fiato. Un attimo dopo il Kaiser corse fuori dalla stanza.

«Guardie!» chiamò.

«Voi fareste meglio a sparire», ordinò l'arciduchessa all'amante del figlio.

Franz era appena arrivato in strada, quando il viso della moglie si contorse in una smorfia sofferente. Sissi si portò le mani sulla pancia con un grido di dolore e una fitta la piegò in due. La folla la appoggiò a terra con delicatezza, in un vociare preoccupato.

Franz, seguito dalle guardie, corse verso di lei, riuscì a farsi largo fra la calca e la sollevò fra le braccia.

Capitolo 33

Era arrivato il momento. Le grida di dolore dell'imperatrice risuonavano nei corridoi del palazzo, mentre le cameriere si affrettavano a portare panni e caraffe piene d'acqua.

Il respiro accelerato dal travaglio, Sissi era coperta di sudore, le ciocche spettinate incollate alla fronte, i muscoli contratti nello sforzo.

«Tutto bene! Continuate a respirare», la incoraggiava la levatrice, con un'espressione poco convinta. «Così. Ancora. Respirate. Ancora.» Poi si allontanò dal letto e raggiunse l'arciduchessa. «Se l'imperatrice non riesce a rilassarsi al più presto...» iniziò, preoccupata.

Franz, seduto accanto al letto della moglie, si piegò verso di lei. «Non ascoltarla», le mormorò. «So che puoi farcela. Davvero.»

Con il viso contorto dal dolore, Sissi strinse i denti e lanciò un lamento animale che raggelò il sangue perfino al Kaiser. Aveva sentito urla atroci sul campo di battaglia, ma nessuna l'aveva mai turbato tanto quanto vedere la moglie alle prese con quella sofferenza. Non la riconosceva più, sul viso paonazzo e madido non c'era traccia della ragazza spensierata di un tempo o dell'imperatrice altera che aveva imparato a diventare alla Hofburg.

«Fanny!» gemette a un tratto Sissi, scossa dai singhiozzi. «Fanny! Fanny!»

L'arciduchessa lanciò un'occhiata interrogativa alla governante di corte.

«Credo che intenda la contessa von Lotti», rispose la nobildonna.

«È ancora a Vienna?»

«Sì.»

«Portatela qui!» ordinò Sophie.

«Fanny!» urlò Sissi, fra le lacrime.

C'era una prima volta per tutto, pensò la contessa Esterházy, poi prese un respiro profondo ed entrò nel bordello. Imboccò un lungo corridoio buio e accostò l'orecchio alla prima porta che incontrò. I versi che le arrivarono erano inequivocabili, ma la aprì comunque. Non poteva perdere un solo minuto di tempo.

«Scusate», disse, dopo avere verificato che la donna non era la persona che cercava, e passò alla porta successiva.

Al terzo tentativo, si trovò davanti la contessa von Lotti che, a cavalcioni di un uomo, inarcava il bacino gemendo e muovendosi rapida su di lui. I gemiti si interruppero bruscamente non appena si voltò e vide la governante sulla soglia.

«Che cosa credete di fare?» la apostrofò la ragazza.

Il cliente balzò giù dal letto, completamente nudo, e affrontò la donna. «Andatevene!» urlò. «Io ho già pagato.»

La contessa Esterházy non batté ciglio. Dopo uno sguardo incuriosito e solo vagamente intimidito alle sue parti intime, voltò appena la testa verso il corridoio.

«Conte Grünne», chiamò, come se lo stesse avvisando che era l'ora del tè. «Abbiamo un problema.»

All'arrivo del robusto conte in uniforme, la tracotanza del cliente svanì. «D'accordo», borbottò. «Va bene, me ne vado.»

Seduta sul letto, il lenzuolo sollevato sul seno per coprirsi, Fanny osservava la scena divertita e si rigirava il grosso ciondolo fra le dita.

Poco dopo, Fanny e la contessa arrivavano di corsa a palazzo. Le urla di Sissi le raggiunsero già in fondo al corridoio. La ragazza si fiondò verso il letto dell'imperatrice, senza perdere un secondo, e le sistemò il fazzoletto umido sulla fronte. Franz le cedette il posto e si spostò accanto alla madre.

«Sta' tranquilla», sussurrò Fanny. «Ce la farai. Respira. Forza!»

Sissi la guardò negli occhi e vi trovò la sicurezza di cui aveva bisogno. La mano stretta in quella dell'amica, riuscì a calmare il respiro quanto bastava per seguire il ritmo delle contrazioni e assecondarle, seguendo le indicazioni della levatrice.

Poco dopo lanciò un urlo animalesco, più forte di tutti i precedenti.

«Spingete!» la incalzò la levatrice. «La testa sta spuntando! La sentite?»

Sissi annuì, in un bagno di sudore. «Sì, la sento!» esclamò.

«Ancora uno sforzo, Altezza», disse la levatrice.

Elisabeth però scosse la testa, esausta. Non le erano rimaste più energie, il dolore l'aveva completamente sfinita. Era come se il corpo non le ubbidisse più.

Fanny avvicinò il viso al suo e la guardò negli occhi. «Manca un'ultima spinta. L'ultima. Capito?» Le passò la mano sotto la coscia, per aiutarla a tenerla sollevata, e si strinse a lei, cercando di trasmetterle la propria forza.

Qualche istante dopo, la levatrice sollevava fra le braccia l'erede al trono, ancora unito alla madre dal cordone ombelicale.

«Sta bene?» chiese Sissi, sollevandosi per guardarlo. Solo quando sentì il primo vagito, lasciò cadere la testa sul cuscino.

Fuori dalla Hofburg non vi furono tumulti quella sera. La gente che si era radunata per le strade di Vienna non sollevava cartelli e non lanciava minacce cariche d'odio. Tutti osservavano il cielo scuro in direzione della residenza, trattenendo il fiato.

Quando iniziarono i primi colpi sparati a salve, un ragazzo prese un pezzo di carbone e iniziò a tenere il conto con tante tacche sul muro. Tutt'attorno, la gente che si era raccolta contava insieme a lui.

«...e sono novantasei e poi novantasette e poi novantotto e ora novantanove e ora cento... Centouno!» esclamarono in coro, fra urla esultanti. «È una bambina!»

«Evviva! È femmina! Una bambina!»

«Dov'è mio figlio?» chiese Sissi, il viso pallido e segnato da occhiaie profonde, mentre si sollevava a sedere dolorante.

«Sta' tranquilla», la rassicurò Fanny. «Va tutto bene.»

Franz si avvicinò con il neonato fra le braccia. «È una bambina», le annunciò con un sorriso teso, prima di passargliela.

Sissi si voltò rapidamente verso l'arciduchessa, che abbassò lo sguardo con un sospiro, non prima che l'imperatrice avesse notato l'ombra delusa sul suo viso. Non le aveva dato l'erede maschio in cui sperava.

Elisabeth prese in braccio la figlia e la guardò, ancora incredula. La baciò delicatamente sulla testa, poi scostò i pizzi della copertina bianca per guardarla meglio. Osservò incredula le dita minuscole e le sfiorò con le proprie, in una carezza piena d'amore.

«Ciao, piccola arciduchessa», bisbigliò.

Il giorno del battesimo, le campane suonarono a festa in tutta Vienna. La nascita della bambina era un'occasione gioiosa per l'impero. Non quanto l'arrivo di un maschio, che sarebbe stato motivo di celebrazioni più fastose e avrebbe potuto spingere i sovrani a una maggiore generosità verso il popolo, ma incoraggiava comunque a sperare in un futuro migliore. Sissi, ancora debole e provata dal parto, insistette comunque per essere lei a portare la piccola in braccio, come voleva il cerimoniale. Perfino Sophie, sempre così attenta al protocollo, le aveva suggerito che lo lasciasse fare alla cameriera, ma l'imperatrice si era rifiutata. Aveva intuito fin dal primo istante che avrebbero cercato di portarle via quella creatura. Temeva che la corte finisse per risucchiarla, così come aveva risucchiato ogni altro motivo di gioia e di felicità nella sua vita.

Avrebbe fatto tutto il possibile per evitarlo, si ripromise, mentre avanzava lungo la navata della chiesa accanto a Franz con la figlia fra le braccia.

Le panche erano affollate di nobili e dignitari di corte, e tutti abbassarono la testa al passaggio della coppia imperiale, per rendere omaggio alla piccola arciduchessa. Arrivata a metà della navata, Sissi notò un volto fra gli altri e non poté evitare di rallentare il passo e lanciare un'occhiata d'accusa a Franz. Sulla panca, l'amante del Kaiser abbassò la testa.

Molte delle dame presenti constatarono, stupite e ammirate, l'incedere perfetto dell'imperatrice, la figura snella stretta nel corsetto perfino in quella occasione. Solo in un istante, appena arrivata all'altare, Sissi si portò la mano sul ventre per il dolore. Per il resto fu impeccabile e assistette senza un solo cedimento alla cerimonia, che fu officiata dal cardinale Rauscher fra le note solenni dell'organo.

«Sophie Friederike Dorothea Maria Josepha, ego te baptizo in nomine Patris et Filii et Spiritus Sancti.»

Non si levò un solo sospiro. Sissi, emozionata e felice, cercò la mano di Franz e la strinse.

Mentre Sophie prendeva in braccio la piccola, che lanciava alcuni vagiti di protesta, all'improvviso dal fondo della chiesa arrivarono urla e voci concitate. Un attimo dopo, un uomo vestito di nero si lanciò verso l'altare, schivò con un salto Grünne e le guardie e si fiondò verso l'imperatore.

Franz spinse subito Sissi da parte per proteggerla, e

quando si voltò di nuovo verso l'aggressore, la lama del coltello gli affondò nella gola.

Nella chiesa attonita risuonarono alcune grida. Grünne fu subito addosso all'uomo, lo immobilizzò stringendogli un braccio attorno al collo e riuscì a disarmarlo.

Sissi si alzò da terra e corse dal marito, mentre il sangue del Kaiser si allargava sul pavimento della chiesa.

Capitolo 34

L'IMPERATORE Franz Joseph venne trasportato d'urgenza alla Hofburg, dove un medico era già pronto ad assisterlo in uno dei saloni della residenza. Sissi, che non lo aveva abbandonato un solo istante, corse subito al suo fianco.

Il Kaiser era pallido e respirava a fatica. Gli avevano aperto la camicia e il petto nudo era coperto di sangue, che continuava a fuoriuscire dalla profonda ferita alla base del collo.

Sissi gli accarezzò i capelli, fissandolo spaventata, mentre il medico di corte tamponava il taglio con una garza. Franz la guardava e muoveva le labbra, ma dalla bocca uscivano solo singulti incoerenti e respiri affannati.

«Franz! Ti prego, guardami! Guardami!» lo supplicò lei. La luce negli occhi del marito, però, era sempre più debole e opaca.

«Io...» provò a dire il Kaiser, senza riuscire a terminare la frase.

«Resto qui con te, d'accordo?» gli assicurò Sissi, fissandolo negli occhi. «Non temere. Ce la farai. Sono qui.»

«Io...» Quando provò di nuovo a dire qualcosa, lo sguardo di Franz si fece improvvisamente torbido e il pallore sul suo viso aumentò. Un attimo dopo, l'imperatore non era più lì nella stanza. Era tornato in una piazza ungherese dall'aria satura di morte e tradimento, i cadaveri dei ribelli che penzolavano inerti dai cappi e una voce gutturale e disperata che gli rimbombava nella testa.

«Allora, volete fare qualcosa?!» urlò Sissi al medico.

Il dottor Griebe scosse la testa. «Continuate a parlargli, Altezza. Deve restare cosciente», disse, mentre insisteva a tamponare la ferita.

Sissi si sforzò di non notare l'espressione angustiata del medico. I gesti solitamente calmi e sicuri di Griebe erano diventati nervosi ed esitanti.

«Devi cercare di restare sveglio», mormorò al marito, prima di chinarsi e baciarlo delicatamente sulla fronte. «Franz, per favore, guardami. Guardami.»

Il Kaiser pronunciò alcune sillabe incomprensibili.

«Franz! Ti prego, no!» esclamò l'imperatrice. «Continua a guardarmi. Franz!»

Mentre Griebe insisteva a tamponare la ferita, senza riuscire a fermare l'emorragia, l'imperatore fu scosso da un sussulto violento e chiuse gli occhi.

Sissi guardò il dottore, disperata. Fanny e la contessa Esterházy, che assistevano leggermente in disparte, si scambiarono un'occhiata angosciata.

Mentre il medico cercava di salvare la vita all'Imperatore degli Asburgo, in una segreta del palazzo, il conte Grünne era alle prese con il suo prigioniero. Alla luce fioca di poche candele, davanti allo sguardo turbato di una guardia seduta in attesa, il conte interrogava l'uomo che aveva attentato alla vita del Kaiser e cercava di strappargli le risposte con la forza.

L'altro, in ginocchio, le mani legate dietro la schiena e il viso già gonfio per i colpi ricevuti, all'inizio si era rifiutato di aprire bocca. Solo da qualche minuto aveva iniziato a concedere poche informazioni smozzicate e riluttanti.

«Un ungherese?» tuonò Grünne. «Quanto ti ha pagato?» Quando non ottenne risposta, gli sferrò un violento pugno al viso. «Quanto ti ha dato?» urlò con rabbia.

«Cento ducati d'oro», rispose infine l'altro con voce strozzata.

Il conte lo obbligò a sollevare la testa e gli prese il viso fra le mani, stringendogli il mento con forza. «Descrivilo!» ordinò e, quando l'uomo tacque, ostinato, lo colpì alla testa con tanta forza da sbatterlo a terra.

Grünne lo raddrizzò e gli affondò di nuovo le dita nella faccia. «Dimmi che aspetto ha. Descrivilo.» Il prigioniero però si negò a rispondere e il conte gli sferrò un altro manrovescio. «Descrivimelo!» urlò.

«È un uomo alto. Ha la barba.»

«Continua!»

«Capelli un po' lunghi», balbettò.

Mentre lui parlava, il soldato che fino a quel momento era rimasto in attesa iniziò a disegnare il ritratto dell'uomo che descriveva.

«Colore degli occhi?» chiese Grünne.

«Marroni.»

E l'identikit a poco a poco prese forma sul foglio.

Sissi, una mano sotto la testa di Franz e l'altra sul braccio, guardava preoccupata il medico, intento a misurare le pulsazioni. Il lenzuolo su cui era disteso il Kaiser, che fino a un attimo prima era candido, adesso era coperto di sangue.

L'imperatore aveva un colorito verdognolo e gli occhi erano ancora chiusi. Nella sua mente, però, un'immagine aveva preso forma con chiarezza. Un volto che si muoveva lento davanti a lui e oscillava fuori fuoco, quasi fosse sott'acqua. Apriva e chiudeva le labbra, al rallentatore, fissandolo con gli occhi chiari pieni d'odio e stendendo una lunga ombra sul suo futuro.

Sissi si chinò su di lui. «Franz, ti prego, non morire», sussurrò. «Ti prego, non mi lasciare.»

Come se l'avesse sentita, l'imperatore aprì gli occhi di colpo e la fissò. Il medico gli accostò subito alle labbra un calice pieno d'acqua.

«Prego, Altezza, bevete», gli disse. Franz riuscì a sollevare appena la testa e si bagnò le labbra. «Molto bene, Maestà», rispose il medico. «Potete riposare. È fuori pericolo», aggiunse, rivolto a Sissi.

Lei sospirò sollevata e guardò il medico con gratitudine. In quel momento il conte Grünne entrò nel salone e si diresse subito verso l'imperatore.

Dopo aver osservato l'amico per qualche istante e aver verificato che il peggio era passato, si voltò verso l'imperatrice. «Dovreste riposare anche voi», le disse, guardandola con affetto e preoccupazione.

«Non posso lasciarlo», rispose Sissi.

«Rimarrò accanto a lui, lo prometto.»

Sissi non ebbe il tempo di rispondere, perché un attimo dopo entrò una guardia. «Il ritratto è pronto, conte Grünne», disse e mostrò il volto che aveva disegnato su un quaderno.

Grünne lo osservò a lungo. «Conosco quest'uomo»,

disse infine. «È ungherese. Ha già attentato alla vita dell'imperatore.»

Non era l'unico però nella stanza a conoscerlo. Non appena ebbe dato un'occhiata al quaderno, Fanny sbiancò. Il ritratto era impreciso e alcuni dettagli erano diversi, come le sopracciglia o la forma del viso, ma anche così era impossibile non riconoscere Lajos su quel foglio.

Per un attimo la ragazza non riuscì a parlare. Non poteva quasi neanche respirare. Per fortuna tutti attorno a lei erano troppo agitati per badare alla sua espressione in quel momento.

La stessa Sissi aveva accolto la notizia con sgomento, sia pure per ragioni molto diverse.

«Un ungherese?» chiese a Grünne con un filo di voce.

«È possibile», rispose il conte. «Il Kaiser ha molti nemici lì.»

L'imperatrice abbassò appena la testa e nessuno notò l'ombra colpevole che le era passata negli occhi. Nessuno tranne la contessa Esterházy, che era altrettanto turbata.

Capitolo 35

L'IDENTIKIT dell'uomo ricercato per l'attentato all'imperatore tappezzava tutte le strade, i vicoli e le piazze di Vienna. A chiunque avesse notizie su di lui veniva offerta una ricompensa di mille ducati d'oro. Il viso truce e disperato di Lajos fissava così i passanti dai muri e dalle porte della capitale, in attesa che qualcuno lo riconoscesse.

Da quando aveva capito che dietro l'aggressione al Kaiser c'era l'uomo che l'aveva salvata e con cui aveva condiviso il letto per tante settimane, Fanny faticava a guardare l'imperatrice negli occhi.

Sissi si accorse del suo disagio, ma lo fraintese. Credette che fosse dovuto alle malelingue di corte, che continuavano a trattare l'amica con malcelato disprezzo. Dopo essere arrivata di corsa a palazzo per aiutare l'imperatrice durante il parto, infatti, Fanny era ospite lì sempre più spesso, cosa che aveva suscitato più di un commento maligno fra le dame della Hofburg. Il pomeriggio in cui avrebbe dovuto piantare un albero nel labirinto del parco, per celebrare la nascita della piccola Sophie e augurarle una vita lunga e felice, Sissi ebbe un'idea. Rimasta in disparte con l'amica, le offrì di trasferirsi di nuovo a palazzo con lei.

«Hai imparato da sola a leggere e scrivere», la incoraggiò. «E sei diventata amica dell'imperatrice. Nessuna delle dame di corte può dire lo stesso. Va' a prendere le tue cose. Sei la benvenuta qui da me.»

Fanny accolse l'offerta con gioia e sollievo. E non, come credeva l'imperatrice, perché sarebbe stato un modo per prendersi una rivincita sulle nobildonne che continuavano a parlare alle sue spalle. Non era quello il vero motivo. Per Fanny trasferirsi a corte significava soprattutto prendere le distanze da Lajos e da quel che significava. Lasciare i sensi di colpa che la tormentavano nella piccola stanza in cui aveva abitato con lui.

Vi tornò una sera tardi, augurandosi di non trovarlo. Non le serviva molto tempo per fare i bagagli, le sarebbero bastati pochi minuti. Entrò furtiva e iniziò subito ad aprire l'armadio per prendere i propri vestiti.

«Dove sei stata?»

La voce di Lajos la fece sussultare e si voltò spaventata. Non si era accorta che fosse lì. Era seduto immobile al tavolo di legno grezzo e la fissava con uno sguardo da animale braccato.

Dall'appartamento accanto arrivavano gemiti di piacere strozzati.

«Ti cercano ovunque», disse Fanny e si rese conto solo in quel momento che probabilmente era proprio quello il motivo per cui era chiuso in casa a quell'ora.

Lajos si alzò, senza smettere di puntarle addosso quel suo sguardo addolorato. «Dov'eri in questi giorni?»

«Ti sei spinto troppo oltre», disse lei, senza rispondere alla sua domanda. «Devi andartene da Vienna. Fuggi lontano. Ti troveranno e moriremo tutti e due.» Mentre parlava, iniziò a riempire la borsa con i propri vestiti, senza neanche curarsi di piegarli, gettandoli dentro alla rinfusa. Non riusciva a decifrare lo sguardo dell'uomo, ma la spaventava, soprattutto adesso che sapeva di che cosa era capace.

Lajos si diresse alla porta che era rimasta aperta, la chiuse di scatto e tirò il chiavistello. Poi le si avvicinò a passo minaccioso. Fanny sussultò per lo spavento e indietreggiò appena.

«Allora vieni con me», disse lui e suonò come una supplica affannata, non come un ordine. Nella sua voce non c'era più violenza, solo un desiderio che prendeva forma a fatica.

«No. Non verrò», rispose Fanny con decisione. In quell'istante riecheggiarono alcuni passi in corridoio ed entrambi si immobilizzarono, sforzandosi di non fare rumore. Tirarono il fiato solo quando li sentirono passare oltre.

Fanny posò la borsa sul pavimento, sollevò le braccia e si sfilò il grosso ciondolo che portava sempre al collo. Non se lo toglieva da anni, era il suo amuleto, ma sentiva di essere in debito con quell'uomo dal cuore pieno d'odio, che le aveva teso la mano quando non aveva nessun altro a cui rivolgersi.

«Questo mi ha sempre portato fortuna», disse, mentre glielo posava nel palmo. «Ora ne hai più bisogno tu di me. La tua vendetta è compiuta. Vai, Lajos. Va' e trova pace.»

Quindi prese la borsa e uscì. Lui strinse il ciondolo nel pugno, senza provare a impedirglielo.

Capitolo 36

Quattro mesi dopo

CHINO sul grande tavolo dello studio, Franz fissava la mappa preoccupato, come se si aspettasse di trovarci scritta da qualche parte la risposta che cercava. Attorno a lui, i suoi consiglieri e i ministri non sembravano più ottimisti. Nella stanza gravava un silenzio teso e nessuno osava muoversi, proprio come i soldatini sparsi sulla mappa alla ricerca di una strategia impossibile.

«Che cosa pianificate?»

I presenti si riscossero e si voltarono tutti verso Sissi, che era appena entrata nella stanza con la bambina in braccio. Nessuno apprezzava l'intrusione di una donna durante una riunione di governo e, anche se non si sarebbero mai azzardati a dirlo o anche solo a lasciarlo trapelare, in quel momento la consideravano opportuna come una mosca su un pezzo di carne a un banchetto.

Sissi non era così sprovveduta da non immaginare che la sua presenza non fosse gradita, ma fra le tante lezioni apprese alla Hofburg, una delle più importanti era stata che non sempre le battaglie difficili si combattevano con la spada. Molte, alla reggia, si affrontavano con il sorriso.

Fu proprio con un sorriso che guardò gli uomini riuniti attorno alla mappa, in attesa di una risposta.

«Devo partire domani», disse l'imperatore, senza guardarla in faccia.

«Partire?» chiese lei stupita. «Per dove?»

Il Kaiser mosse una delle figurine sulla mappa. «Per la Lombardia.»

«Al fronte?»

Gli altri uomini a quel punto si ritirarono, lasciandoli soli. Franz la raggiunse. «Napoleone è alle porte di Milano», le spiegò. «Dobbiamo fermarlo.» Poi la fissò a lungo negli occhi. «E vorrei salutarti, prima.»

Sissi cercò di scacciare l'angoscia dal suo viso, perché Franz non si portasse dietro anche quel peso in battaglia. Si baciarono con passione, la bambina stretta nel loro abbraccio prima e poi distesa dentro la culla nella camera da letto imperiale, mentre loro due facevano l'amore con una tenerezza che Elisabeth non aveva mai provato con lui.

Franz percorreva il suo corpo con i polpastrelli come se volesse memorizzare ogni centimetro di pelle e, quando la baciò fu con lentezza, assaporando ogni istante.

Nessuno dei due sapeva quando si sarebbero visti di nuovo e per una volta non pensavano a un erede, mentre si amavano. Si ritagliavano piuttosto una porzione di mondo in cui poter stare assieme senza obblighi e doveri, e senza che niente arrivasse a separarli. Un pezzetto di mondo in cui non c'erano territori da conquistare o da difendere, o rivolte da soffocare. Che iniziava e finiva sulla loro pelle, così come lo disegnavano i baci e le carezze. In cui non c'era posto per la guerra, per i campi di battaglia, per i cavalli lanciati al galoppo fra le urla e la terra che ti esplode sotto i piedi; per le baionette e i fucili e le ritirate disonorevoli. Per i morti lasciati a terra e i feriti agonizzanti e i paesaggi trasformati in colonne di fumo e devastazione. Quei paesaggi in cui presto il Kaiser si sarebbe trovato a combattere, dove avrebbe rischiato più volte la vita, dove molte ne avrebbe stroncate e molte altre salvate. Dove un amico come il conte Grünne si sarebbe rivelato più prezioso di mille fucili.

Fu il Kaiser infatti a salvare Grünne, quando un soldato dell'esercito francese gli arrivò alle spalle e prese la mira. Quel giorno in battaglia il combattimento fu spietato. Rimasto senza cavalcatura, Franz lottò senza risparmiarsi, salvando i propri soldati, ricorrendo ai pugni e ai calci quando il fucile o la spada erano inutilizzabili. Aveva imparato da tempo a prevedere gli attacchi, a intuire i movimenti e i gesti del nemico senza bisogno di vederli, ma quel pomeriggio arrivavano da ogni direzione, senza un attimo di tregua, ed era impossibile calcolare o anticipare gli assalti. Franz quindi si affidò al proprio istinto e fu proprio quello a permettergli di arrivare in tempo e salvare Grünne dal soldato che si stava avventando su di lui, trapassandolo da parte a parte con la spada.

Quando vide il conte a terra, all'inizio Franz credette che volesse solo riprendere fiato, finché non si accorse del sangue che gli sporcava l'uniforme strappata poco sopra il polso e che gli scendeva sulla mano.

La luce rossastra del tramonto si allargava sul campo di battaglia, tingendo di arancione le nuvole di polvere e fumo. Le prime ombre strisciavano sul terreno intriso di sangue e di morte. Quando si chinò accanto all'amico per rassicurarlo, l'imperatore vide i propri soldati battere in ritirata, le giacche bianche che si disperdevano insieme agli ultimi raggi di sole.

Capitolo 37

Il castello di Laxenburg era molto diverso dal luogo sereno e idillico in cui la coppia imperiale aveva trascorso la luna di miele. Dove un tempo si udiva il canto degli uccelli sulle acque limpide del laghetto nel parco, ora si sentivano i gemiti strozzati dei soldati feriti e i sospiri delle infermiere che svuotavano i secchi d'acqua rossastri di sangue. Il parco era punteggiato dalle tende che fungevano da ospedale, ma anche l'interno del castello non era stato risparmiato e negli enormi saloni dove un tempo si tenevano balli e banchetti, ora era un susseguirsi di brandine e tavoli operatori improvvisati. Il fuoco dei falò serviva a scaldare l'acqua necessaria per lavare le ferite e sui pavimenti di legno pregiato risuonavano i colpi delle stampelle di chi aveva perso una gamba.

Sissi si muoveva in quelle stanze rapida ed efficiente. Nessuno, senza guardarla in faccia, sarebbe stato in grado di distinguere l'imperatrice dalle altre infermiere che si spostavano fra le brande e i soldati sofferenti. Una cuffia chiara aveva preso il posto dei copricapi raffinati e indossava un semplice abito grigio con un grembiule bianco sporco di sangue: l'uniforme delle infermiere. Un attimo prima aiutava un medico a portare dentro un ferito e quello dopo correva al letto di un altro per portargli da bere, e tutto senza un lamento o un momento di esitazione. Se c'era qualcosa che la distingueva dalle altre persone impegnate a curare i soldati di ritorno dal fronte, forse era proprio il fatto che nessuno aveva mai sentito da lei la minima protesta.

Stava cambiando le lenzuola insanguinate di un letto rimasto vuoto, quando si accorse che era appena entrata l'arciduchessa. Sophie teneva in braccio la nipote e alla vista della piccola Sissi ebbe una fitta al cuore. Era il suo unico rimpianto, in quelle ore spese a cercare di dare il proprio contributo alla guerra: il tempo sottratto alla compagnia della figlia. Sin dal giorno della nascita, Sophie aveva fatto tutto il possibile per portarle via la bambina. Aveva perfino disposto che dormisse in una stanza accanto alla propria, molto distante da quella della madre. Per arrivarci, Sissi era costretta a salire una scala ripida, ostacolata dall'ingombrante crinolina. L'arciduchessa non si faceva scrupoli e si aggrappava a qualunque scusa pur di dimostrare l'inadeguatezza della nuora. E curare i feriti e i reduci di guerra non faceva eccezione.

Sissi si sistemò una ciocca di capelli sfuggita alla cuffia, cercò di nascondere la stanchezza dal viso e si avvicinò. Nel salone riecheggiavano i colpi di tosse e le grida di un soldato. Gli uomini accasciati nelle brande non badavano all'arrivo dell'arciduchessa. Nessuno si alzava per renderle omaggio. Molti di loro avevano ancora negli occhi gli orrori della guerra; qualcuno non avrebbe più visto altro e si sarebbe smarrito in quella follia.

Sophie si guardò intorno con ribrezzo e strinse di più a sé la nipote.

«Oh, la mia piccola», esclamò Sissi e accarezzò la figlia, guardandola con tenerezza. Si faceva più grande a vista d'occhio e ogni giorno l'imperatrice aveva l'impressione di perdersi qualcosa di lei.

Nel salone risuonò un urlo di dolore straziante.

«Questo non è il luogo adatto per una bambina», dichiarò l'arciduchessa.

Sissi tornò verso il letto e riprese a cambiare le lenzuola. «Non intendo rimanere a Vienna a rimpinguarmi mentre il mio popolo soffre!» rispose.

L'arciduchessa la sfidò con lo sguardo. «Domani tornerò nella residenza imperiale con la piccola.»

Elisabeth sollevò di scatto la testa. «La madre sono io.»

«Allora agisci da madre!» esclamò Sophie in tono duro. «Sei libera di restare, ovviamente.» E con quelle ultime parole uscì dal salone.

Dopo un attimo di esitazione, Sissi sospirò e la seguì. «D'accordo», si arrese. «Verrò a Vienna con voi.»

Si era appena slacciata la cuffietta, quando un'infermiera arrivò di corsa, spingendole da parte.

«Svelti», gridò affannata, «liberate un tavolo per il conte Grünne.»

Sissi sussultò. Lanciò un'occhiata a Sophie e poco dopo videro passare il conte, sdraiato su una barella, che si stringeva il braccio sinistro avvolto nelle bende con una smorfia di dolore.

«Il conte Grünne», mormorò l'imperatrice a Sophie, come se non ci fosse bisogno di aggiungere altro. Diede una rapida carezza alla figlia e corse dove c'era bisogno di lei.

Nel frattempo il medico aveva tolto la benda, rivelando una mano gonfia e violacea, ormai quasi nera. Grünne guardava l'arto con un atteggiamento stoico, senza battere ciglio. Sapeva già come sarebbe andata a finire. La ferita ormai era infetta e la mano era andata in cancrena. C'era solo un modo per salvargli la vita.

«Dobbiamo amputare», dichiarò il medico.

Sissi arrivò al suo fianco e gli passò una bottiglietta che conteneva un forte liquore. «Bevete», gli disse.

Il conte si voltò verso di lei e l'espressione indurita si addolcì appena. Se era stupito di trovarla lì, non lo diede a vedere. Accettò la bottiglia con riconoscenza e ne bevve un lungo sorso.

«Fate quello che dovete», disse al medico, mentre iniziavano a prepararlo per l'amputazione. «Mi farò valere anche senza un braccio.»

Un infermiere prese un lenzuolo, glielo passò sul torace e lo legò con forza alla spalliera della sedia sulla quale era stato fatto accomodare. Sissi scacciò il dispiacere per quello che aveva imparato a considerare un caro amico, quando non interferisse con i suoi doveri. Prese un pezzo di legno avvolto in uno spesso strato di garza e glielo portò alle labbra.

«Mordete questo», ordinò. «Se non volete perdere anche la lingua.»

E Grünne obbedì.

Il medico fece un cenno all'infermiere alle spalle del conte e si accinse a cominciare.

«Aspettate», lo fermò Sissi.

Prese il viso di Grünne fra le mani, bloccandolo con decisione, e lo voltò verso di sé. Voleva impedirgli di fissare il braccio che stava per perdere. «Guardate me. È meglio.»

Il conte non oppose resistenza e puntò gli occhi in quelli castani dell'imperatrice. In quello sguardo ritrovarono entrambi i tanti momenti vissuti insieme. Il mattino in cui

Sissi era arrivata alla parata e l'aveva visto avanzare fra le scudisciate ordinate da Franz; il giorno in cui il conte l'aveva sorpresa a vagare per i corridoi della villa di Ischl dopo aver incrociato una ragazza nuda appena uscita da una stanza; gli istanti accanto a Franz dopo l'attentato. Sissi aveva imparato ad apprezzare la fedeltà e il senso dell'onore di quell'uomo taciturno e discreto, che non esitava a mettersi in gioco e a rischiare di persona per fermare un'ingiustizia. Sapeva che il conte era uno dei pochi uomini in grado di tenere testa al marito, per quanto fingessero entrambi il contrario, e aveva sempre avuto la certezza di avere in lui un amico fidato. Il rapporto fra il conte e l'imperatrice era fatto di silenzi, occhiate d'intesa, di una presenza salda e affidabile. Erano entrambi consapevoli che la Corona avrebbe sempre avuto la precedenza su tutto il resto e in quella consapevolezza erano riusciti a costruire una solidarietà tacita e segreta.

Stringendo con forza il viso di Grünne, Sissi si voltò verso il medico e annuì. Non appena la lama del bisturi arrivò alla carne e vi affondò, il conte iniziò a tremare per il dolore. Dietro di lui, l'infermiere si sforzava di tenerlo fermo.

«Sega», ordinò il medico.

Il tremore si trasformò allora in scatti violenti e convulsi. Sissi dovette fare ricorso a tutta la propria forza per riuscire a tenerlo fermo, finché la sega non arrivò all'osso e il conte perse finalmente conoscenza e si accasciò sulla sedia.

Sissi gli rimase accanto finché non fu certa che stesse bene e che il dolore fosse sedato, poi andò a cercare la figlia, nell'altra ala della villa.

Bussò alla porta e le aprì Sophie. Non la lasciò entrare, però, e rimase ferma sulla soglia a bloccarle il passaggio.

«Shh!» le intimò. «Tua figlia sta dormendo.»

«Mi siederò accanto a lei», la pregò Sissi, cercando di sbirciare all'interno della stanza.

L'arciduchessa scosse la testa «Prima aveva bisogno di te, ma tu eri impegnata in altro.»

«Ma adesso sono qui.»

«E cosa farai domani? Presto arriveranno altri feriti. Molti di più», ribatté Sophie, fissandola con durezza. Poi le chiuse la porta in faccia. Sissi sentì la figlia piangere e l'arciduchessa che cercava di calmarla. «Shh. Dormi, tesoro.»

Elisabeth si voltò di scatto e si trovò davanti la contessa Esterházy, ferma al centro del corridoio. Stagliata in controluce nell'ultimo chiarore del giorno, che entrava dalla finestra alle sue spalle, la governante aveva un'aria sinistra.

«Che cosa intendeva?» volle sapere Sissi. «Ditemelo!»

«La Lombardia resiste al vostro consorte», rispose la nobildonna, cupa. «E gli ungheresi hanno colto l'occasione per insorgere di nuovo. Ieri, i ribelli hanno assalito un carro merci austriaco e hanno ucciso tutti. Se dopo la Lombardia, l'impero perdesse anche il controllo dell'Ungheria, si avvierebbe verso la dissoluzione.» La contessa abbassò per un istante la testa, poi tornò a sollevarla e fissò l'imperatrice negli occhi. «Dovreste informare il Kaiser dell'incontro con il conte Andrássy.»

Qualche ora più tardi, Sissi era immersa nell'acqua calda della vasca, per togliersi di dosso il sangue e gli orrori della giornata. China dietro di lei, Fanny le passava delicatamente la spugna sul collo, scacciando ogni tensione. Per qualche istante nessuna delle due parlò e nella stanza rischiarata dalla luce guizzante delle candele risuonò solo lo sgocciolio della spugna che veniva strizzata.

«Voglio andare al fronte», disse a un tratto Sissi.

Fanny si bloccò. «Al fronte?» chiese stupita. «Perché?»

Sissi non le rispose e la ragazza tornò ad abbassare la spugna e a fargliela scorrere lungo le braccia. «Vorrei che tu vegliassi sulla piccola Sophie», continuò l'imperatrice. «E controllassi mia suocera», aggiunse, guardandola.

Risero entrambe.

«Farò quello che mi è possibile», rispose Fanny, poco convinta.

Sissi si alzò e uscì dalla vasca. Prima di avvolgersi nell'asciugamano andò a un piccolo scrittoio, completamente nuda, e prese un lungo spillone. Poi distese su una sedia la biancheria che avrebbe dovuto indossare. Come aveva visto fare al marito dopo la prima notte di nozze, si ferì la mano quanto bastava per lasciare cadere qualche goccia di sangue sul tessuto bianco immacolato.

Fanny la guardava sbalordita. Si avvicinò e le porse l'asciugamano. «Sei di nuovo...?»

Sissi si portò un dito alle labbra. «Non una parola con nessuno», le intimò.

Capitolo 38

Campo militare austriaco, vicino a Solferino, Italia

Al calar della sera, quando si spegneva l'eco delle battaglie e le ultime colonne di fumo si disperdevano nell'aria, i morbidi rilievi dei colli lombardi per qualche ora tornavano a sembrare sereni e indisturbati. I campanili si stagliavano sul cielo limpido e le manciate di case sparse fra i campi parevano stringersi per prepararsi all'assalto successivo.

Fu così che accolsero l'imperatrice Sissi, quando arrivò in Lombardia da Vienna per incontrare il marito. Il campo militare austriaco era stato organizzato attorno a una chiesa di paese, ridotta a quartier generale delle forze armate imperiali. L'esercito era in attesa di un nuovo contingente per riprendere l'offensiva contro i francesi. Il morale delle truppe era a terra da giorni ormai, con il susseguirsi delle sconfitte, e i soldati si aggiravano fra le tende con aria stanca e smarrita. Il passaggio dell'imperatrice, impeccabile come sempre nel magnifico abito scuro, richiamò più di uno sguardo stupito e rispettoso.

Sissi attraversò il prato, passò fra le tende e i tavoli improvvisati sull'erba, ed entrò in chiesa. Trovò Franz in una piccola stanza che un tempo doveva essere stata un luogo di incontro e di preghiera, a giudicare dai sedili di legno intarsiato che correvano lungo le pareti. Ora però non restava traccia di quiete, fra i mobili scaraventati a terra, le macerie sparse sul pavimento e il caos lasciato dal passaggio dei soldati. Al centro della stanza, senza giacca, seduto scomposto a un piccolo tavolo ingombro di carte e bottiglie, l'imperatore alzò sulla moglie gli occhi intontiti dall'alcol.

Non appena lo vide, il sorriso che aveva iniziato a prendere forma sul viso di Sissi si smorzò.

Franz la fissò per qualche istante. «Quanto sei bella», furono le prime parole che le disse. Poi si alzò e portò con sé il bicchiere. «Non dovresti essere qui», aggiunse, avvicinandosi. «È un luogo orribile.»

Quando le fu davanti, le posò una mano sulla nuca e la baciò. Fu un bacio goffo e violento, però, e Sissi si sottrasse. Gli sentiva addosso l'odore dell'alcol ed era evidente che non si lavava da giorni, ma non era questo a infastidirla. Era la sensazione che il marito fosse molto lontano da lei, se non da se stesso. Il viso affilato di Franz non aveva perso la sua bellezza, ma ogni traccia di rigore e regalità era scomparsa.

«I soldati che tornano da Laxenburg non parlano che di te», commentò il Kaiser, in un tono ammirato in cui a Sissi parve di notare un'ombra di sarcasmo o di rabbia trattenuta. «Ti amano tutti.» Vacillando appena, tornò verso il tavolo e si riempì di nuovo il bicchiere. «Perdono», disse, sollevandolo verso di lei, «sono diventato un po' rude, qui.» Quindi lo svuotò in un sorso solo.

Sissi si sforzò di non distogliere lo sguardo, scosse appena la testa come a giustificarlo, e gli porse una lettera sigillata.

«Che cos'è?» chiese Franz.

«La ragione del mio arrivo.»

L'imperatore la aprì e la lesse con attenzione. «Da chi l'hai ricevuta?» volle sapere poi, studiandola con sospetto.

«Me l'ha portata il conte Andrássy. Ti prego, parla con lui», aggiunse subito Sissi, davanti alla sua occhiata furiosa. Ogni traccia della sbronza di poco prima sembrava scomparsa ed era stata sostituita da una rabbia fredda.

«Perché dovrei farlo?»

«Perché presto potrebbe essere in fiamme anche l'Ungheria. Per favore!» esclamò l'imperatrice esasperata, quando lui le diede le spalle e iniziò a camminare per la stanza, rileggendo il messaggio del conte che aveva guidato i ribelli ungheresi. «Che cos'hai da perdere nell'incontrarlo? Si è già sparso tanto sangue. Mi ha promesso che ti accetteranno come imperatore.»

A quella frase il Kaiser si girò di scatto. Lo sguardo che le puntò addosso era pieno di scherno e di disprezzo. «A te?» urlò.

Sissi alzò la testa, fiera. «Sì, a me», rispose. «Alla sovrana dell'Austria. Sono tua moglie. Franz, tu non sei più solo.»

Il marito tornò verso di lei e Sissi fece per accarezzarlo, ma non appena alzò il braccio, lui lo allontanò con violenza. Poi la fissò negli occhi, mentre strappava la lettera in tanti pezzetti e li lasciava cadere sul pavimento sporco della chiesa.

«Se quell'uomo oserà avvicinarti un'altra volta», sibilò, «io lo ucciderò.»

Sissi sussultò, ma non ebbe il tempo di pensare a come reagire, perché un conato di vomito le salì alle labbra. Si coprì la bocca con la mano e uscì di corsa dalla stanza.

Franz la inseguì e la trovò nel chiostro, che vomitava piegata in due fra le colonne, assistita dalla contessa Esterházy. Poco distante, il conte Grünne, il moncherino del bracco fasciato che gli pendeva al collo sotto la giacca, sorvegliava la scena.

«Che cos'ha?» chiese il Kaiser e la governante sorrise imbarazzata, a confermare i suoi sospetti.

A quel punto l'espressione sul viso dell'imperatore cambiò. Si fiondò verso la moglie, la afferrò con violenza per il braccio e le prese il volto fra le dita, premendo con tanta forza da strapparle un gemito. «È suo il bambino?» urlò.

Non ebbe modo di continuare oltre, perché il conte Grünne lo allontanò con una spinta, costringendolo a lasciarla andare.

L'imperatrice non si mosse, non indietreggiò di un passo, ma, quando lo guardò, negli occhi aveva un disprezzo gelido, che feriva più di qualunque insulto. «Come puoi insinuarlo?» chiese, calma. Quindi gli voltò le spalle e se ne andò.

Franz la inseguì. Spinse da parte la contessa Esterházy, sbattendola a terra, e le corse dietro.

«È suo il bambino?» urlò. «Sissi?» la chiamò con rabbia, mentre lei si allontanava impassibile fra gli sguardi dei soldati sparsi nel chiostro.

Dietro l'imperatore, il conte Grünne aiutava la governante a rialzarsi.

Capitolo 39

PASSARONO i mesi e la distanza fra l'imperatore e Sissi si colmò di silenzi e di rancori. La carrozza che aveva portato via l'imperatrice dal campo militare non l'aveva allontanata solo dalla Lombardia e dal fronte. L'aveva separata anche dal ricordo degli ultimi istanti di felicità vissuti insieme a Franz, da un amore fatto di complicità e di intesa reciproca.

Per una volta, non aveva dubbi sul suo agire. Dopo avere intravisto gli orrori della guerra al campo e fra i feriti a Laxenburg, era certa che incontrare il conte Andrássy e recapitare il suo messaggio al Kaiser fosse stata la cosa più giusta. Il futuro dell'impero non poteva passare per tutta quella morte e distruzione, non se c'era un'altra strada possibile. Ma non lo faceva solo per quello. Accanto al bisogno di rendersi utile per il popolo che governava, lo stesso bisogno che l'aveva spinta a prendersi cura dei feriti senza risparmiarsi un istante, c'era anche l'orgoglio di poter dare un senso al proprio ruolo ed evitare che si esaurisse in crinoline e cerimoniali di corte.

Niente può cambiarmi aveva detto un giorno di tanto tempo prima al padre. Era stata ingenua, forse, e all'epoca ancora non sapeva quante prove avrebbe dovuto superare alla Hofburg. Una parte di lei però non era cambiata, era rimasta identica. Era quella parte che la corte e l'arciduchessa interpretavano come cocciutaggine e che Sissi invece definiva restare fedele a se stessa. Incontrare il capo dei ribelli ungheresi e recapitare quella missiva l'aveva fatta sentire più vicina a se stessa che mai.

Con il trascorrere dei mesi, e del silenzio, la guerra continuò a trascinarsi stancamente, senza che le prospettive dell'esercito austriaco migliorassero. Lo sconforto dei soldati e il numero dei morti aumentavano e lo stesso succedeva alla pancia dell'imperatrice, arrotondata dalla gravidanza ormai evidente.

Come per la prima figlia, anche questa volta Sissi la visse in solitudine, una solitudine diversa e più amara, che riempiva con lunghe ore passate davanti alla finestra della propria stanza, accarezzando l'erede che ancora doveva nascere.

Nel frattempo, gli occhi dell'imperatore si riempivano di nuovi orrori. Incendi che divampavano, uomini che cavalcavano avvolti nelle fiamme, corpi trafitti dalle baionette e feriti lasciati a gemere sul terreno sporco di sangue. Fumo e polvere e disperazione. La guerra che aveva voluto in uno scatto di orgoglio e miopia diplomatica, che non era stato capace di evitare, gli sarebbe pesata per sempre sulla coscienza.

Mentre il Kaiser era occupato a cercare ogni giorno nuove strategie militari che risollevassero le sorti del conflitto, Sissi partoriva una seconda volta, di nuovo con Fanny al suo fianco, e di nuovo senza dare all'arciduchessa l'erede maschio in cui sperava. La piccola Gisela era forte e sana, ma era femmina.

Fu anche dalla figlia che non conosceva che il Kaiser fece ritorno, infine, alla testa di un esercito disfatto. Le divise bianche che percorsero le strade di Vienna fra due ali di folla erano macchiate di terra e sangue, e sui volti stanchi e sporchi era scritta tutta la storia di quella guerra. Il tamburo scandiva piano il ritorno degli sconfitti, mentre i cittadini assistevano mesti. Qualcuno si tolse il cappello in segno di rispetto; qualcuno si asciugò gli occhi con un fazzoletto, perché fra i volti che sfilavano non c'era quello che aveva smesso di aspettare. I più si limitarono a guardare attoniti, chiedendosi che futuro si preparasse per l'impero.

Quando la carrozza arrivò nel cortile della Hofburg, Sissi strinse a sé la piccola Gisela. Sophie era in piedi accanto alla madre e aspettava incuriosita il ritorno di quel padre che per lei era ancora un estraneo.

Franz smontò da cavallo e avanzò a passo deciso verso la famiglia riunita ad attenderlo. Per prima cosa baciò la mano alla madre, poi si spostò davanti a Sissi.

Si fissarono a lungo e il Kaiser lanciò un'occhiata cupa alla seconda figlia. Dopo un secco cenno del capo, si voltò e tornò verso il cavallo.

Poco più tardi, in camera, Sissi era intenta a rimboccare le coperte alla figlia maggiore, nel piccolo letto bianco a baldacchino, mentre stringeva la seconda fra le braccia. Non era stato facile, ma era riuscita a spuntarla e adesso le bambine dormivano accanto a lei. Proprio come sua madre si era presa cura di loro personalmente, anche lei avrebbe fatto il possibile per crescerle, ritagliandosi tutto lo spazio che il protocollo le concedeva.

«Vedo che almeno tu una guerra l'hai vinta», disse Franz. «Quella contro mia madre.»

Sissi strinse la piccola in braccio. «Le bambine devono stare con me», disse con decisione.

L'imperatore la guardò dal lato opposto della stanza, cercando il modo di colmare la distanza fra loro. «Mi spiace per ciò che è successo in Lombardia», disse infine, rigido, ma con una supplica negli occhi.

«A che cosa ti riferisci?» chiese lei. «Ai più di seimila caduti di Solferino oppure al fatto di avermi trattata come una sgualdrina?»

Franz si avvicinò. «Volevo chiederti se vuoi accompagnarmi in Ungheria.»

«In Ungheria?»

«Vorrei porgere i miei rispetti alla nobiltà ungherese a Budapest. Con un grande ricevimento. E prima incontrerò Andrássy.»

Sissi sorrise e negli occhi le si accese uno sguardo fiero.

Franz fissò la neonata, il viso tondo e delicato sotto la cuffietta di pizzo. «Ti somiglia tanto», disse e la accarezzò con dolcezza.

L'imperatore mantenne fede alla promessa e, un mese dopo, Sissi era intenta a supervisionare la preparazione dei bagagli, mentre Fanny si prendeva cura delle bambine, correndo e giocando insieme a loro per i corridoi del palazzo. Fra lei e la piccola Sophie c'era stata fin dal primo giorno un'intesa speciale. Sembrava che quest'ultima avesse riconosciuto per istinto lo spirito indomito e inquieto della ragazza e avesse capito di poter trovare in lei un'alleata fedele, disposta a infrangere più di una regola. Dal canto suo, Fanny era felice di poter abbandonare il rigore a cui la costringeva la vita di corte, con la scusa di intrattenerla. Stare con Sophie inoltre la aiutava a colmare quel vuoto segreto che si portava dietro da tempo e di cui ben poche persone erano a conoscenza.

«Annett, questo è per il viaggio e quello per il ricevimento», disse Sissi, istruendo una delle cameriere.

In quel momento Franz entrò nella stanza insieme alla madre.

«Un vestito con i colori della bandiera ungherese?» chiese Sophie perplessa, fissando il magnifico abito bianco. Era trapuntato di decorazioni floreali verdi, su cui spiccavano alcune delicate rose rosse.

«Esatto», rispose Sissi, che andava molto fiera della sua idea. «Lo indosserò al ricevimento a Budapest. In segno del mio rispetto.»

«Parti anche tu?» domandò l'arciduchessa, incredula.

«Ovviamente.»

Sophie si guardò attorno nella stanza, infastidita. «E quel baule con i vestiti delle bambine?»

Fanny si avvicinò e porse la piccola Sophie a Sissi, che la prese in braccio. «Loro verranno con noi», rispose con voce ferma l'imperatrice.

«Come? Con voi in Ungheria? Sono sull'orlo della guerra civile!»

Elisabeth la sfidò con lo sguardo. «Con me le piccole sono sempre al sicuro.»

«Allora rimani qui e Franz andrà da solo.»

«La mia decisione è questa, madre», intervenne il Kaiser e per dare maggiore forza alle proprie parole, si spostò al fianco della moglie. «Ho bisogno di Sissi al mio fianco in Ungheria.»

Sophie li scrutò per qualche istante, con uno sguardo che avrebbe fatto tremare il più valoroso dei comandanti. Poi si voltò e uscì dalla stanza, non prima di avere visto il sorriso trionfante sul volto della nuora.

Capitolo 40

Budapest, Ungheria

Sissi non era mai stata così felice come durante il lungo viaggio in carrozza accanto al marito. Per l'intero tragitto avrebbe avuto con sé tutte le persone che amava. Fanny, che rideva e scherzava con Sophie, la piccola Gisela in braccio e Franz di fianco a lei. Non le sembrava vero di essersi liberata per qualche giorno dell'ingombrante presenza dell'arciduchessa e della contessa Esterházy. Sapeva che il compito che li attendeva a Budapest non sarebbe stato facile e non si faceva illusioni sulle difficoltà del viaggio, ma per il momento, la testa appoggiata sulla spalla del Kaiser, si godeva ogni singolo istante.

Il castello di Budapest si ergeva maestoso sulla sponda del Danubio e la lunga facciata si allungava sotto la cupola, avvolta nella luce rosata del tramonto. La costruzione imponente mise in soggezione perfino il seguito imperiale, più che avvezzo allo sfarzo.

Il salone del ricevimento era gremito, quando la coppia imperiale avanzò verso la soglia, fra due ali di nobili.

Sissi era magnifica, nell'abito con i colori della bandiera ungherese, e Franz accanto a lei la guardava orgoglioso, nell'uniforme di gala. Mentre aspettavano di essere annunciati dal cerimoniere, si scambiarono uno sguardo di intesa e Sissi sollevò il mento, fiera. Sapeva che ciascuno dei due traeva forza dalla presenza e dal sostegno dell'altro e che insieme erano più potenti che mai. Era una sensazione nuova, che avrebbe potuto provare solo accanto a Franz. Era l'amore che li univa infatti a renderli complici e inseparabili, non i voti nuziali e di certo non gli opportunismi politici.

«*Hölgyeim és Uraim, a Kaiser és a császárné!*» li annunciò il cerimoniere, in ungherese. *Signore e signori, il Kaiser e la sua consorte.*

Il salone era quasi interamente occupato da due lunghi tavoli imbanditi, che si fronteggiavano ai lati di quello destinato ai reali. Quando Sissi e Franz vi passarono in mezzo, fra due file di abiti sfarzosi ed espressioni ostili, fu subito chiaro che la sfida che li aspettava sarebbe stata ardua.

Nella sala era calato un silenzio teso e pochi nobili si chinarono al loro cospetto. La maggior parte si limitò a puntare su di loro uno sguardo diffidente, lungi dall'aver accantonato gli antichi rancori. Sissi si sentiva addosso la loro inimicizia e, per quanto fosse certa di non essere la benvenuta, avanzò comunque con passo sicuro e un viso sereno.

Con il procedere del pasto, l'atmosfera a poco a poco si distese. In un angolo, un'orchestra di violini suonava una musica vivace, scandendo il susseguirsi di prelibatezze. Sissi non riuscì quasi a toccare cibo. Sorvegliava la sala e i volti dei commensali con uno sguardo attento e concentrato. Una strana sensazione di pericolo le si agitava nel petto, forse per la stanchezza del viaggio, forse per la responsabilità che sapeva di avere nel riavvicinamento agli ungheresi. Quale che fosse il motivo, sentiva di dover restare vigile e di non potersi permettere la minima distrazione.

Anche per questo rifiutò il vino, quando glielo offrirono. Franz invece lo accettò con piacere, impegnato a parlare con Grünne. Poco dopo, il Kaiser si alzò con il bicchiere in mano.

Il chiacchiericcio nel salone però non si interruppe. Gli ospiti continuarono a conversare, ignorandolo. Qualcuno gli lanciò un'occhiata distratta e riprese la conversazione come se niente fosse. L'imperatore dovette fare appello a tutto il suo autocontrollo per non lasciar trapelare l'offesa. A poco a poco, anche gli ultimi vennero zittiti e nel salone calò il silenzio.

«Poiché la mia meravigliosa moglie mi supera non solo in generosità, ma anche nella conoscenza della lingua ungherese», iniziò il Kaiser, «vorrei chiederle di farmi da interprete.»

Sissi lo guardò stupita, poi si alzò accanto a lui.

«Ho la sorte di essere diventato Kaiser in un momento storico in cui molti di voi si ribellano contro questa carica», proseguì Franz e, quando Sissi le tradusse, le sue parole furono accolte da un mormorio sorpreso e vagamente infastidito.

«Ma per quanto possano divergere le nostre posizioni, quello che ci unisce, nel profondo del cuore, è l'amore per il nostro Paese e il nostro popolo.»

Sissi tradusse di nuovo. Fanny, che prendeva parte al banchetto, seguiva il discorso dell'imperatore con interesse, finché qualcosa non richiamò la sua attenzione verso il fondo della sala. Un attimo dopo impallidì. Sorresse per qualche istante lo sguardo cupo di Lajos e, quando lo distolse, il cuore le batteva all'impazzata nel petto.

«Come segno di buona volontà», stava dicendo il Kaiser, «ho deciso di concedere la grazia a chi ha preso parte all'insurrezione del quindici marzo.»

Non appena la moglie ebbe tradotto in ungherese, nel salone si sparse un vociare emozionato. Qualcuno dei presenti lanciò un'esclamazione sorpresa, qualcun altro scoppiò in una risata sollevata e anche le ultime tracce di ostilità rimaste attorno ai tavoli scomparvero.

Il conte Andrássy allora avanzò a passo deciso verso il centro della sala.

«Sua Maestà il Kaiser Franz Joseph d'Austria e Sua Maestà l'imperatrice Elisabeth d'Austria mi hanno assicurato che l'Ungheria avrà un posto di rilievo nell'impero», annunciò, in tono fiero.

Sissi fece girare lo sguardo fra i presenti e a un tratto intravide un volto familiare. Era seminascosto fra i domestici e le guardie accanto alla porta, e le ci volle qualche istante per riconoscerlo, ma quando ci riuscì non ebbe dubbi. Era certa che quello fosse il viso nel disegno che le aveva mostrato Grünne quando Franz era stato accoltellato. Il ritratto dell'uomo che voleva uccidere suo marito. Sforzandosi di non dare a vedere l'ansia, cercò di decidere come fosse meglio comportarsi.

«A un futuro di amore e di rispetto», concluse Andrássy e alzò il bicchiere verso la coppia imperiale.

«A un futuro di amore e di rispetto», ripeté Franz. Sollevò a sua volta il calice, ma quando stava per bere, Sissi lo fermò, bloccandogli il braccio.

«L'uomo ricercato per l'attentato è qui», gli sussurrò all'orecchio, nel brusio stupito.

Al conte Andrássy non era ovviamente sfuggito il gesto, in quel momento così delicato di riconciliazione, e nel suo sguardo calò un'ombra sospettosa. Bevve il vino e lanciò un'occhiata torva all'imperatore.

«Alla pace», disse il Kaiser e posò il bicchiere senza avervi avvicinato le labbra. Lajos approfittò di quel momento per uscire defilato dal salone.

«Non vi piace il nostro vino, Maestà?» chiese Andrássy, con un'espressione di sfida. «Maestà!» lo richiamò con decisione, quando Franz fece per andarsene. «Intendevamo firmare un trattato di pace.»

Dopo un attimo di pausa, il conte avanzò verso di loro e saltò sulla pedana con un balzo, facendo sussultare i commensali. Grünne, che si era già alzato in piedi pronto a difendere il Kaiser, fece per intervenire. Il conte Andrássy invece prese il bicchiere di Franz, lo mostrò a tutti i presenti con un gesto plateale, e lo scolò in un sorso solo, per poi appoggiarlo sul tavolo con tanta forza da spaccarlo in due.

«E ora datemi il trattato», annunciò. «È mia volontà essere il primo a siglarlo.»

Un valletto si avvicinò con il testo fra le mani e glielo porse. Andrássy aveva appena iniziato a firmarlo, quando fu scosso da un violento attacco di tosse. Nel silenzio generale, sotto lo sguardo inorridito di tutti, la tosse si trasformò in lunghi versi strozzati. L'ungherese si portò le mani al collo, si piegò in due e si accasciò a terra. Un attimo dopo, mentre Sissi e Franz lo guardavano sgomenti, scoppiò a ridere.

Si alzò da terra con un saltello e rivolse un inchino alla sala, che proruppe in un applauso.

Gli imperatori erano basiti.

«Alla pace e al vino buono», declamò infine Andrássy.

«Al vino buono», gli fece eco Franz. E firmò il trattato fra gli applausi dell'intera sala.

Capitolo 41

FIRMATO il trattato e lasciato alle spalle il momento di tensione, gli imperatori iniziarono a rilassarsi. L'atmosfera allegra delle danze ungheresi rendeva più facile provare a scordare gli obblighi diplomatici, mentre le note dell'orchestra risuonavano in tutto il salone. Sissi osservava incuriosita i nobili ungheresi, con i loro sguardi fieri e i modi schivi e diffidenti un attimo prima e impetuosi quello dopo. La simpatia che aveva sempre provato nei confronti di quel popolo cresceva ogni giorno. Ed era moneta preziosa per l'impero.

«Questo popolo è un mistero», commentò Franz, mentre guardavano le coppie volteggiare rapide per la sala e picchiare i talloni sul pavimento, al ritmo della musica. «Sei proprio sicura di aver visto l'uomo che è ricercato?»

Lei scosse la testa. «Devo essermi confusa. Perdono.»

In quel momento il conte Andrássy li raggiunse. Dopo un lungo sguardo al Kaiser, si rivolse a Sissi. «Mi concedete di danzare con voi?»

«Temo di non conoscere le danze ungheresi», si schernì lei.

«Vi guiderò io.»

Elisabeth lanciò un'occhiata esitante al marito e, solo quando lui le fece un cenno di assenso quasi impercettibile, si decise e porse il braccio al conte.

«Che cosa balliamo?» gli chiese con un sorriso.

«Ora lo vedrete.»

Un attimo dopo, il conte la guidava con eleganza e sicurezza, mentre le altre coppie si scostavano per lasciarli passare. L'incertezza iniziale di Sissi svanì presto. Andrássy la prendeva per mano, poi la lasciava e la afferrava di nuovo, prima di accompagnarla in una serie di piroette sempre più rapide. Il tutto sotto lo sguardo vigile del Kaiser. In breve, fra i due vi fu una sintonia perfetta e Sissi si meravigliò di riuscire a seguirlo con tanta disinvoltura. Forse fu l'emozione di poco prima, forse la gioia per il trattato appena firmato o per lo sventato pericolo. Quale che fosse il motivo, quelle note sconosciute arrivarono a toccarla in profondità, smuovendo una parte di lei che assomigliava di più ai momenti spensierati dell'infanzia che al rigore dei ricevimenti di corte.

Mentre gli ospiti erano impegnati ad ammirare l'imperatrice che ballava insieme ad Andrássy, Fanny ne approfittò per spostarsi verso il lato opposto della sala. Era da quando aveva visto Lajos che cercava di prendere una decisione, combattuta fra la riconoscenza e l'affetto che provava per lui e la fedeltà e i sentimenti altrettanto profondi nei confronti dell'imperatrice. Alla fine si era resa conto che c'era una sola strada possibile, se non voleva che le conseguenze fossero terribili. Con il cuore in gola, raggiunse il conte Grünne, che a sua volta osservava le danze.

«Conte Grünne», lo chiamò a bassa voce, cercando di non farsi notare. «Devo dirvi una cosa.»

«Parlate.»

«Credo di aver visto l'uomo che è ricercato.»

Il conte si voltò di scatto verso di lei. «Qui?»

Fanny si guardò attorno e indicò un punto accanto alle porte del salone. «Era lì in fondo.»

«Ne siete sicura?» La ragazza annuì. «Andate dalle bambine», ordinò il conte. «Vi manderò delle guardie.»

Non appena Fanny fu uscita, Grünne raggiunse il Kaiser. «Vostra Maestà, posso parlarvi?»

A Franz bastò un'occhiata per capire che quello che aveva da dirgli l'amico era riservato. E grave. Si spostarono verso le porte del salone, in un punto in cui nessuno li avrebbe sentiti. Nel frattempo, Sissi era ormai lanciata nelle danze e aveva iniziato a girare in tondo sempre più rapida, trascinata dal ritmo incalzante della musica e dall'entusiasmo che percepiva attorno a sé. L'abito vaporoso con i colori della bandiera ungherese si sollevava leggero al ritmo della musica, fra i battiti di mani sempre più calorosi e le grida esultanti.

«Temo che l'uomo che cerchiamo si trovi nel palazzo», mormorò Grünne. «Sono preoccupato per la vostra sicurezza.»

Il ballo giunse al termine e la musica cessò, in un coro di applausi. Sissi riprese fiato, affannata, e cercò subito Franz con lo sguardo. Quando vide che non era più dove l'aveva lasciato, l'eccitazione svanì.

«Maestà, siete una ballerina eccellente», si complimentò con lei il conte Andrássy. «Vi concedete ancora?»

Sissi si guardò attorno con discrezione e incrociò infine gli occhi del marito. Franz la fissava serio, in attesa, e all'imperatrice non sfuggì la tensione fra lui e Grünne. Tornò a rivolgersi ad Andrássy con un sorriso di scuse e scosse la testa. «Vogliate scusarmi», rispose e si diresse verso il Kaiser.

«È qui», le disse subito Franz. «Fanny l'ha visto.»

«Le piccole?» chiese lei spaventata.

«La vostra dama è con loro», rispose Grünne. «Dovreste andare anche voi, Maestà.»

In quell'istante il conte Andrássy li raggiunse. «Fra poco avremo i fuochi d'artificio», li informò. «È il momento per mostrarvi al popolo ungherese.»

«Crediamo che qualche ospite mediti un attentato», lo avvertì Sissi.

L'espressione sul volto del conte ungherese cambiò all'istante. Si guardò attorno, scrutando i volti dei nobili, alla ricerca del minimo dettaglio fuori posto. «Allora forse è meglio lasciare Budapest, ma...» Esitò e lasciò la frase a mezz'aria.

Franz capì che cosa intendeva. «Se non ci mostriamo al popolo, ciò che abbiamo deciso non avrà valore.»

Andrássy annuì. La firma del trattato era un momento importante, ma per placare gli animi del popolo ungherese non servivano carte e documenti. Servivano gesti concreti. E vedere l'Imperatore degli Asburgo e il conte che aveva guidato le sollevazioni nazionaliste ungheresi fianco a fianco, sulla terrazza del castello, avrebbe convinto anche i più irriducibili a mettere da parte l'odio nei confronti degli austriaci.

«La guardia reale può proteggervi, ma da un solo aggressore», intervenne Grünne. «E se fosse più di uno?»

«Adoperatevi per trovarlo», rispose Franz.

Il conte annuì e uscì subito dal salone.

* * *

Grünne percorse rapido i corridoi del palazzo, che aveva già provveduto a ispezionare al suo arrivo. Scese le scale seguito dalle guardie e aprì tutte le porte che incontrò al suo passaggio, controllando le stanze a una a una.

«Dove sono le altre guardie?» chiese ai suoi uomini.

«All'ingresso principale, conte Grünne.»

«Scortate il Kaiser nei suoi alloggi, dopo i fuochi.»

«Sissignore.»

Impartiti gli ordini, il conte imboccò una porta che dava su un'altra rampa di scale e si separò dalle guardie. Si ritrovò in un corridoio più stretto e buio, illuminato a stento dalla luce fioca di poche candele. Riprese a perquisire le stanze e le trovò tutte deserte, finché non arrivò a una delle ultime porte, la spalancò e si trovò davanti una carneficina.

Tre uomini giacevano a terra, immobili, le uniformi bianche sporche di sangue. Solo uno, semisvestito e appoggiato al muro, respirava ancora a fatica.

Grünne si chinò verso di lui. «Quanti erano?» gli chiese. «Quanti?»

«Erano tre», mormorò l'altro, in un gorgoglio di sangue, prima di accasciarsi contro la parete.

Il conte uscì subito dalla stanza e avanzò a passo sicuro lungo il corridoio.

«Guardie!» chiamò, quando notò tre uomini in uniforme che lo precedevano. Solo quando si voltarono, riuscì a vedere in volto quello che li guidava e lo riconobbe all'istante. Non ebbe modo di fermarlo, però, perché Lajos fece un cenno agli altri due e si allontanò rapido, mentre i compagni sguainavano le spade.

Grünne non esitò. Avanzò deciso verso di loro, costringendoli a indietreggiare, e iniziò a respingere i colpi con movimenti rapidi ed esperti della spada. Nonostante lo svantaggio numerico, presto li mise entrambi alle strette. Neanche la mano finta gli era d'ostacolo, anzi, il conte aveva imparato ad approfittarne, usandola per parare gli affondi più imprevisti e cogliere gli avversari di sorpresa.

Dopo un combattimento accanito, li lasciò a terra. O almeno così credeva. Uno dei due si rialzò e cercò di assaltarlo alle spalle, ma era ormai stanco e provato e il conte non ebbe difficoltà ad abbatterlo definitivamente. Quindi si lanciò verso le scale che portavano al piano superiore, più rapido che poteva, sperando che non fosse già troppo tardi.

Il conte Andrássy e la coppia imperiale, seguiti da un lungo codazzo di nobili, giunsero nel salone che si affacciava sul vasto cortile del palazzo, dove la gente era accalcata in attesa dell'inizio dei fuochi artificiali.

Ai due lati della finestra erano schierate le guardie, in attesa. Nella stanza risuonavano già le urla impazienti dei cittadini di Budapest accorsi per l'occasione. Molti gridavano il nome dell'imperatrice, la vera ragione per cui tanti di loro erano corsi lì e avevano aspettato per ore. Elisabeth si era già ritagliata uno spazio nel cuore degli ungheresi e la sua presenza nella capitale era motivo di orgoglio e di gratitudine per il popolo.

Quando Sissi fece per avvicinarsi alla finestra, però, Franz la prese per il braccio e la fermò.

«Meglio di no», disse. «È troppo rischioso.»

Sissi esitò e spostò lo sguardo fra i due uomini, indecisa.

«Lo penso anch'io», confermò a malincuore il conte Andrássy.

Sissi fece un passo indietro, rassegnata. A un cenno di Franz, le guardie spalancarono le finestre e i due uomini uscirono fra gli applausi e le grida esultanti della folla. In quel preciso istante ebbero inizio i fuochi artificiali e, quando i primi lampi di luce colorata strapparono il cielo, sulla calca scese un silenzio meravigliato.

Smorzato lo stupore iniziale, però, la folla iniziò di nuovo ad acclamare il nome di Sissi, sempre più insistente. La reclamavano accanto al Kaiser e ad Andrássy, delusi dalla sua assenza.

Dentro il salone, Sissi era immobile, lo sguardo rivolto alla finestra. Sapeva che il suo posto era là fuori, insieme alla gente che la chiamava a gran voce. Il riverbero colorato dei fuochi d'artificio le bagnava il viso di sfumature inquiete verdi e rossastre. L'imperatrice sentiva di avere mancato al proprio dovere, ma al tempo stesso era consapevole di non essere più padrona dei propri gesti e delle proprie decisioni. Osservò i due uomini di spalle, che salutavano il popolo e accoglievano le esultanze rivolte a lei, e si strinse nell'abito bianco verde e rosso, senza osare muovere un passo.

«Sissi, Sissi, Sissi, Sissi...»

Fuori, sulla terrazza, i saluti dei due uomini si facevano sempre più incerti. Ormai era diventato evidente che la loro presenza non era sufficiente.

«La sovrana è cara al popolo», commentò Andrássy. «Vogliono vederla.»

Lo sguardo di Franz si incupì. Dopo un attimo si voltò verso la moglie e, davanti alla sua espressione interrogativa, le tese la mano. Il viso di Sissi si illuminò di un sorriso radioso.

A passo regale, accettò la mano che le porgeva il marito e uscì in terrazza. Non appena la gente la vide, il cortile stracolmo esplose in un'ovazione, fra i botti e le luci che piovevano dall'alto. I fuochi artificiali continuavano a illuminare il cielo, in una cascata di lampi colorati che si riflettevano sulle acque calme del Danubio.

«Sissi, Sissi, Sissi, Sissi...»

Nessuno di loro poteva vedere Lajos che saliva deciso le scale e arrivava al salone. Una guardia lo fermò sulla soglia, sbarrandogli la strada.

«Ho un messaggio urgente per il Kaiser», disse l'ungherese, e l'altro lo lasciò passare.

Non appena fu dentro la stanza, Lajos avanzò rapido verso la finestra. Il conte Andrássy si voltò in tempo per notare il coltello che gli luccicava nella mano. Grünne salì correndo gli ultimi gradini.

«All'armi! Seguitemi!» urlò alle guardie, senza fermarsi per vedere se avevano eseguito gli ordini.

Quando fu in prossimità della terrazza, Lajos accelerò il passo e balzò in avanti, il viso tinto di rosso dalle esplosioni in cielo. Andrássy però aveva già sfoderato la spada e gliela affondò nello stomaco prima che potesse raggiungere l'imperatore.

L'ungherese si accasciò a terra e un rivolo di sangue iniziò a scorrergli lento dalle labbra.

Franz lo fissò per qualche istante e incrociò l'ultimo sguardo dell'uomo, in tempo per riconoscere gli occhi che avevano fiammeggiato fra la calca ad Arad. Gli occhi di un disperato, che stringeva fra le braccia un bambino per impedirgli di vedere il corpo del padre oscillare da un cappio.

Poco più tardi, Franz e Sissi entravano nella stanza imperiale che era stata destinata loro al castello, per riprendersi dalla serata sfiancante. L'imperatore era ancora turbato. Non riusciva a scacciare l'eco della voce gutturale che lo perseguitava con la sua minaccia fin da quel giorno ad Arad. Lo sguardo che aveva visto negli occhi dell'attentatore aveva risvegliato il viso dagli occhi chiari che tante volte era comparso nei suoi incubi.

Sissi si avvicinò, gli accarezzò le braccia con dolcezza, sentendo i muscoli tesi sotto le dita, e posò le labbra sulle sue. Il bacio non tardò a farsi appassionato. Franz la cercava affannato, improvvisamente consapevole del bisogno che aveva di lei.

«Grazie», le mormorò con la voce rotta dal piacere, quando si scostò.

«Per cosa?» chiese lei, fissandolo negli occhi. «Per l'Ungheria?»

«Per essere al mio fianco», rispose il Kaiser con un sorriso e riprese a baciarla, spingendola verso il baldacchino sontuoso.

Non ebbero il tempo di arrivarci, però. Fanny spalancò le porte della stanza ed entrò di corsa, l'espressione sconvolta.

«Perdonatemi, Maestà», disse, con il pianto nella voce. «Vostra figlia sta molto male.»

Capitolo 42

AFFONDATA nell'enorme cuscino bianco del letto a baldacchino, la piccola Sophie lasciava che il medico la visitasse senza un accenno di protesta. Il viso sotto la cuffietta di pizzo era pallido, con occhiaie profonde, ma era soprattutto lo sguardo della bambina a mettere in allarme i genitori e le persone attorno a lei. Gli occhi, solitamente vispi e irrequieti, erano spenti e opachi, e il respiro lento e affaticato.

Il medico terminò di misurarle la temperatura, sotto la supervisione ansiosa di Sissi. L'imperatrice era inginocchiata accanto al letto e indossava ancora l'abito del ricevimento, con i colori della bandiera ungherese. Alle sue spalle, in piedi, Franz sorvegliava attento la scena.

«Credete che si rimetterà?» chiese Elisabeth.

«Non preoccupatevi, Altezza, dobbiamo solo abbassare la febbre», rispose il dottore a bassa voce.

Fanny si avvicinò con un catino pieno d'acqua e iniziò a bagnare le pezze da mettere sulla fronte della bambina.

Sissi guardò la figlia con un sospiro angosciato. Ogni volta che cercava di incrociare il suo sguardo o di strapparle un sorriso, la piccola reagiva appena. Sembrava che anche il minimo gesto le costasse un'enorme fatica e che l'ossigeno che le entrava nei polmoni non bastasse mai.

«Con voi in Ungheria?» La domanda allarmata della suocera non cessava di risuonare nelle orecchie dell'imperatrice. Più cercava di scacciarla, più tornava ad aleggiare attorno al letto, come un presagio.

Sissi rimase sveglia tutta la notte per cambiare le pezze umide sulla fronte della figlia. Dopo qualche ora, Sophie aveva chiuso gli occhi e adesso dormiva profondamente. Anche Franz non aveva voluto allontanarsi dalla stanza e riposava su un piccolo divano poco distante. Sissi era appena andata a controllare se era sveglio, quando il conte Grünne entrò senza fare rumore.

«Vostra Maestà», la salutò piano, prima di avvicinarsi. «Come sta la piccola?»

«Un po' meglio», rispose Sissi, esausta. Tornò a sedersi sul letto e si chinò sulla figlia.

Il conte la seguì e infilò la mano nella tasca dei pantaloni. Quando la tirò fuori, stringeva fra le dita un ciondolo ovale. L'aveva trovato al collo dell'uomo che aveva attentato alla vita dell'imperatore. Poche ore prima era sceso nelle segrete del castello per perquisire il cadavere, a caccia di indizi. Aveva strappato la camicia insanguinata e l'aveva notato subito. Era certo di averlo già visto e gli ci era voluto qualche istante, ma infine l'aveva riconosciuto. E un'ombra gli era calata sul viso. Era il ciondolo che indossava Fanny quando lui e la contessa Esterházy erano andati a cercarla per portarla a palazzo, il giorno della nascita della piccola Sophie. La ragazza era a letto con un cliente e dopo, che l'uomo era uscito si era coperta con il lenzuolo, rigirandosi fra le dita quello stesso identico pendente.

Era un gioiello semplice ma particolare, non poteva trattarsi di una coincidenza. E se era al collo dell'ungherese, significava che gli era stato regalato proprio dalla damigella dell'imperatrice. Grünne sospettava da tempo che ci fosse un traditore a palazzo, ma non avrebbe mai potuto immaginare che si trattasse di una persona tanto vicina alla Corona.

Era quella la ragione per cui era entrato nella stanza, oltre a informarsi sulle condizioni di salute della bambina. Quando vide il volto esausto dell'imperatrice, però, il suo sguardo scavato dal dolore e dalla preoccupazione, esitò.

Si avvicinò al letto, lanciò un'occhiata alla piccola, il viso di un colorito grigiastro sulle lenzuola candide. E rimise il ciondolo in tasca prima che Sissi avesse modo di notarlo.

«Volete che rimanga qui con voi?» chiese invece.

L'imperatrice annuì e Grünne prese posto su una sedia accanto a lei. Non si allontanò dalla stanza per tutta la notte, per vegliare su entrambe con la sua presenza solida e rassicurante.

Il mattino fece il suo ingresso nella camera da letto imperiale con una luce calda e dorata. L'imperatore e il conte Grünne dormivano scomposti, rispettivamente su un divano e su una poltroncina, abbandonati nel sonno. Sissi si era distesa a letto accanto alla figlia, decisa a non perderla di vista, ma a un certo punto la stanchezza aveva avuto la meglio ed era crollata. Era stata una lunga giornata e la tensione del ricevimento l'aveva spossata già prima che la notizia della malattia richiedesse ogni sua energia.

Quando aprì gli occhi ai rintocchi delle campane del castello e vide la stanza rischiarata dai raggi di sole, per un attimo si scordò della ragione per cui dormiva lì, ancora abbigliata con i colori della bandiera ungherese. Rinfrancata da quelle poche ore di sonno, cercò il marito con gli occhi e lo trovò che dormiva sul piccolo divano scomodo. L'espressione innocente di Franz, sopra l'uniforme di gala, le strappò un sorriso. Poi si voltò verso la figlia, sdraiata accanto a lei. E il sorriso svanì, sostituito da uno sguardo inorridito.

Sissi lo comprese ancora prima di scuoterla delicatamente, prima di prendere la piccola mano nella sua e vedere le dita che cascavano giù inerti, prima di baciarla sul dorso e poi appoggiare l'orecchio sul petto e pensare che avrebbe dato qualunque cosa, tutto quello che possedeva e che avrebbe mai posseduto, pur di sentire il suono sordo e regolare del battito del cuore.

Non lo sentì, però. L'unico rumore che sentì fu quello delle sue stesse urla, mentre chiamava disperatamente il nome della figlia.

«Sophie?» gridò. «No. Sophie! Sophie!»

Un attimo dopo, Franz e Grünne erano accanto al letto e guardavano agghiacciati il corpo senza vita della bambina. La piccola arciduchessa si era spenta nella notte, a poco più di due anni.

Capitolo 43

Palazzo imperiale, Hofburg, Vienna

Sissi insistette per tenere in braccio il corpo senza vita della figlia per l'intero viaggio di ritorno. Franz e il conte Grünne cercarono di convincerla a separarsi da lei lungo il tragitto, ma l'imperatrice fu irremovibile. Era come se la vita fosse fuggita anche da lei. Stretta a lutto in un rigoroso abito di seta nero, Elisabeth non pronunciò una sola parola fino al suo arrivo a Vienna. Non si muoveva, respirava appena, quasi si fosse trasformata in una statua di marmo per vegliare eternamente sulla bambina e non doversi separare da lei.

Quando la carrozza arrivò nel cortile della Hofburg, c'era anche la famiglia di Elisabeth fra le persone che la attendevano, schierate in un silenzio lugubre. Vestiti a lutto, come tutti i presenti, il duca Maximilian, la duchessa Ludovika ed Helene erano corsi a Vienna per stare accanto a Sissi. A poca distanza da loro, l'arciduchessa Sophie puntava davanti a sé uno sguardo gelido, dentro il quale aveva nascosto tutto il proprio dolore. Perfino in quel momento, si rifiutava di cedere alle emozioni che aveva sempre considerato segno di debolezza.

Fu Fanny a scendere per prima, con Gisela in braccio. La bambina piangeva, spossata dal viaggio e dalla tensione che percepiva attorno, e una cameriera si affrettò a prenderla con sé. Poi fu la volta di Franz, che uscì con passo stanco e si fermò accanto alla carrozza, senza incrociare lo sguardo di nessuno.

Fanny si avvicinò di nuovo allo sportello aperto e, quando riemerse portava fra le braccia il cadavere di Sophie, avvolto in una coperta grigia, che depose con delicatezza su una piccola lettiga. Subito dopo fu coperto da un drappo nero.

Grünne, in piedi accanto al Kaiser, si tolse il cappello con uno sguardo cupo. L'arciduchessa Sophie invece non batté ciglio quando vide uscire il corpo senza vita della nipote, ma l'ombra nei suoi occhi si fece più buia.

Sissi scese lenta dalla carrozza, con lo sguardo perso dentro di sé. Le occhiaie scure risaltavano sul pallore del viso consumato dal dolore. Non si accorse neppure della presenza dei genitori. La duchessa Ludovika avrebbe voluto correre subito dalla figlia, ma il marito la trattenne.

Franz si avvicinò alla moglie. «Ora avrai molte decisioni da prendere», le disse. «Per la sepoltura.» L'imperatrice non rispose. «Mi hai sentito, Sissi?» insistette il Kaiser e lei annuì appena, senza guardarlo. Gli occhi gonfi e arrossati fissavano il vuoto dal fondo di due pozzi neri.

Non appena Sissi avanzò, Helene corse da lei. «Mi dispiace tanto», singhiozzò, abbracciandola. Ma indietreggiò subito, spaventata dall'espressione assente della sorella.

Elisabeth riprese a camminare lenta, passò accanto ai genitori senza vederli e andò dritta dalla seconda figlia, che piangeva fra le braccia della cameriera. Mentre la prendeva con sé, sollevò gli occhi e incrociò lo sguardo glaciale della suocera, che la trafisse con la stessa accusa che la divorava dentro.

L'arciduchessa si era opposta con fermezza a quel viaggio, le aveva ripetuto che non era opportuno che lei portasse le figlie in Ungheria. «Con me le bambine sono sempre al sicuro», aveva risposto Sissi, perché era convinta che bastasse davvero questo, che le amasse troppo perché potesse accadere loro qualcosa e che la volontà e la necessità di averle accanto fossero tutto ciò di cui le figlie avevano bisogno. Non aveva mai commesso un errore più grave.

«Sono addoloratissima», mormorò la duchessa Ludovika all'imperatore, mentre Sissi varcava la porta della residenza fra i vagiti disperati di Gisela.

«Franz?» lo chiamò la madre. «Purtroppo c'è una cosa che va affrontata adesso.»

L'imperatore aprì la lettera che la madre gli aveva consegnato con espressione cupa. Anche il suo sguardo era assente, come quello della moglie, ma nei suoi occhi vi era una durezza nuova, fatta della stessa rabbia con cui si ostinava a tenere a bada la debolezza.

«Napoleone reclama i territori in alta Italia», lo informò Sophie. «Altrimenti non ci sarà armistizio.»

Franz lesse il messaggio. «Dovrà finire, in qualche modo», commentò infine, con un sospiro rassegnato che non era da lui e che mise in allarme la madre.

«Devi riflettere bene sul da farsi», gli raccomandò Sophie.

«Ho bisogno di rimanere da solo», fu la risposta del Kaiser e si spostò dietro la scrivania. Quando vide che la madre non accennava ad andarsene, le puntò addosso uno sguardo impossibile da fraintendere.

«Come vuoi», si arrese l'arciduchessa e lasciò la stanza.

Franz si sedette allo scrittoio e gli occhi non tardarono a cadere sulla carrozzina vuota, abbandonata in un angolo della stanza. Provò a distrarsi con i documenti di cui doveva occuparsi, cercò di concentrarsi sulle pretese di Napoleone III e sulla scelta difficile che lo aspettava, ma era inutile. Lo sguardo tornava sempre lì, sulla piccola carrozzina rossa con gli inserti d'oro. Dopo un ultimo sospiro nervoso, ci rinunciò. Si alzò e la prese, deciso a buttarla fuori dalla stanza, ma dopo averla sollevata, si bloccò e tornò a posarla dov'era.

Assalito da una nuova frenesia, decise di cambiare la disposizione dei mobili, piuttosto. Non poteva cancellare la morte della figlia, ma aveva bisogno di dimostrare a se stesso che c'era ancora qualcosa che poteva fare, che esisteva un modo per recuperare il controllo della situazione, per ricostruire la propria vita attorno a quel dolore. Spostò per prima la pesante poltrona, poi passò alla scrivania, tirando il tappeto pregiato quanto bastava per orientarla diversamente e girarla verso la finestra. Spossato, si tolse la giacca dell'uniforme e rimase in maniche di camicia, e non smise di cambiare di posto all'arredamento finché non fu certo che la carrozzina fosse fuori dal suo campo visivo.

Quando ebbe terminato, scoprì che era stato inutile. Il suo sguardo continuava comunque a trovarla e lo sforzo fisico l'aveva lasciato più nervoso e agitato di prima. Gli sembrava di avere una corda avvolta attorno al petto, che lo stringeva sempre di più e gli impediva di respirare. Franz Joseph era un uomo d'azione, era abituato a trovare soluzioni, ma quella volta non c'era soluzione possibile. Per la prima volta in vita sua, si sentiva impotente.

Capitolo 44

«Ricordi le nostre lunghe passeggiate?»

Sissi si voltò verso il padre, che era appena entrato nella stanza. Ancora non era riuscita a calmare Gisela e perfino quel pianto le suonava alle orecchie come un'accusa, quasi la piccola volesse punirla per l'assenza della sorella.

Il duca Maximilian osservò la figlia per qualche istante, seduta sul letto a pochi metri da lui e al tempo stesso così distante da tutto. Quando lo sguardo cadde sulla nipotina, non poté fare a meno di sorridere.

«Tu camminavi, camminavi, non riuscivi a stancarti», proseguì, rivolto a Elisabeth. «E alla fine ti tuffavi nel lago e ti mettevi a nuotare con i cani.» Allungò la mano e le mostrò un piccolo contenitore di vetro. «Qui dentro c'è la sabbia di quel lago, della riva che hai amato tanto.» Lo appoggiò e si sedette accanto a lei. «Sissi, non sei obbligata ad andare avanti, capisci? Se senti di non potercela fare, ti prendo e ti riporto a casa.»

Il duca era convinto che solo a Possenhofen la figlia avrebbe potuto trovare la forza per superare quel momento. Fra le acque del lago e le lunghe cavalcate in montagna, era certo che avrebbe ritrovato la voglia di vivere che sembrava averla abbandonata. Ora che ce l'aveva di fronte, però, si rendeva conto che forse neanche quello sarebbe servito. Elisabeth non desiderava andare avanti, non riusciva a guardare oltre e ricominciare. L'unica cosa che cercava era il modo più doloroso possibile per punire se stessa.

Gli occhi che Sissi girò verso di lui lo scrutarono dritti dall'inferno che le abitava dentro, dal momento in cui si era svegliata accanto al cadavere di Sophie.

«Tu non mi ritieni all'altezza del ruolo che ho?» gli chiese, in lacrime.

Il duca sussultò. Era stato frainteso. O forse no, forse Sissi era riuscita a leggere oltre le sue parole. Dove terminava il desiderio di averla accanto, il bisogno di saperla felice, e dove iniziava la convinzione che senza di lui non valesse abbastanza, che non potesse farcela da sola?

«Non è di questo che parlavo...» iniziò.

«Come madre, allora.»

«No, Sissi.» Maximilian esitò. Quando aprì bocca di nuovo, fu solo l'amore che provava per lei a parlare. «Io ho paura. Io temo per te.»

Elisabeth lo fissò per qualche istante, poi si voltò dall'altra parte e non si girò più finché non sentì la porta che si chiudeva alle spalle del padre.

Franz era ancora in maniche di camicia, quando Sissi lo raggiunse nello studio. Dalle finestre entrava una luce grigia e fredda, che rischiarava appena la stanza. Ferma sulla soglia, l'imperatrice non tardò a notare la carrozzina in un angolo e la diversa disposizione dei mobili. Ma non fece commenti.

«Ti aspetto per dare l'addio a Sophie», disse, invece.

Franz non rispose. Prese il bicchiere di liquore che stava bevendo e lo portò con sé verso la scrivania, insieme alla bottiglia.

«È successo qualcosa?» chiese Sissi, davanti al suo silenzio.

«No.»

L'imperatrice si avvicinò e negli occhi arrossati comparve un'espressione supplichevole. «Parlami, ti prego», mormorò, ma quando provò a toccarlo, lui scacciò la sua mano con un gesto secco.

«Lasciami», le intimò il Kaiser, rifiutandosi di guardarla.

Sissi lo fissò e le sembrò di vederlo scivolare via, proprio nel momento in cui più aveva bisogno di lui.

«Dai a me la colpa della sua morte?» chiese piano. «Per favore, parlami.»

«Ho già dato il mio addio a Sophie», rispose Franz e le puntò addosso uno sguardo feroce. «Penso che non ci sia altro da dire.»

Qualche minuto dopo, Sissi entrava da sola nella chiesa deserta, ma quando intravide la piccola bara circondata dai crisantemi bianchi, non riuscì ad avanzare oltre. I fiori sembravano avvolgere il feretro in una nube di luce, fra le poche candele disposte davanti all'altare. Non poteva dire addio alla figlia, si rese conto, non ce l'avrebbe mai fatta.

Si era appena voltata, quando sentì alcuni passi riecheggiare sul pavimento di marmo e poco dopo si trovò accanto Fanny, che la fissava angosciata. Il grosso fiocco nero che le cingeva il viso le conferiva un'aria insolitamente austera.

«Mi dispiace tanto», disse la damigella, in lacrime, poi le prese la mano e la strinse, in segno di incoraggiamento. Non l'avrebbe lasciata da sola. Fanny era stata accanto a lei quando la figlia era venuta al mondo e le sarebbe rimasta accanto anche mentre lo abbandonava.

Sissi non reagì subito e non restituì la stretta, ma non si sottrasse a quel contatto e insieme avanzarono lente verso il piccolo feretro. Nell'istante in cui vide il corpo della figlia, interamente coperto da una garza bianca che celava il volto irrigidito dalla morte, l'imperatrice si aggrappò alla bara e scoppiò in un pianto disperato. Proprio quando credeva di non avere più lacrime da versare, scopriva che il dolore dentro di sé era inesauribile, poteva corroderla e lasciarla arida e vuota, ma non sarebbe mai finito.

Non appena la vide piegarsi in due, scossa dai singulti, Fanny la raggiunse e la strinse fra le braccia. I singhiozzi dell'imperatrice risuonarono fra le panche vuote e gli affreschi solenni, avvolgendo le due donne in una eco fredda e severa.

Capitolo 45

Era ormai buio, quando Grünne avanzò per i vicoli dei bassifondi della capitale, accompagnato da due guardie. I rintocchi del campanile si mescolavano alle risate scomposte degli ubriachi e alle voci di chi si affrettava verso casa. Un cane abbaiava in fondo alla strada, a caccia di cibo.

L'arrivo del conte in uniforme, che procedeva fra le torce sorrette dalle guardie, non passò inosservato.

«Il gran signore è venuto a divertirsi qui da noi!» commentò un vecchio senza denti, che si reggeva a stento sulle gambe.

«Sei nel posto sbagliato», lo apostrofò un uomo robusto, in tono di sfida.

«Tu dici?» ribatté Grünne e lo atterrò con un pugno, senza attendere la sua risposta. «Ci siamo, è qui», disse poi e le guardie si sistemarono ai due lati del portone che aveva indicato, mentre lui varcava la soglia.

Il conte non tardò a trovare la persona che cercava. Aveva bisogno di conferme, prima di rivelare all'imperatrice quello che aveva scoperto, e sperava di ottenerle dalla persona che aveva affittato la stanza alla sua damigella. La donna però era così intimidita dalla presenza del conte, che parlava a monosillabi. Teneva le braccia incrociate sul petto, sulla difensiva, e lo guardava solo di sfuggita.

Grünne andò dritto al punto. Estrasse il ciondolo dalla tasca dell'uniforme e glielo mostrò. «Questo era suo, riuscite a ricordarla?»

L'affittacamere lo osservò per qualche istante, poi scosse la testa.

Il conte allora le porse un foglio piegato in quattro. La signora lo prese, esitante, e lo aprì. Le comparve davanti il ritratto dell'ungherese, gli occhi di Lajos che la fissavano furenti perfino dai pochi tratti a matita.

«Sì», disse subito, senza esitare. «Era qui con una donna. Le ha pagato lui la stanza.»

Grünne si riprese il foglio. Aveva avuto la risposta che cercava. Gli restava solo una cosa da fare e non avrebbe più potuto evitarla.

Il conte Grünne avanzò a grandi passi verso gli alloggi dell'imperatrice, ma si trovò davanti un ostacolo inaspettato. La contessa Esterházy aveva piazzato una sedia di fronte alla porta chiusa e non si era mossa da lì per ore, per assicurarsi che nessuno arrivasse a interrompere la tranquillità di Elisabeth. Chi ci avesse provato, avrebbe dovuto sollevarla di peso per accedere alla stanza.

Dalla morte della piccola Sophie, l'atteggiamento della contessa nei confronti di Sissi era molto cambiato. La complicità nata grazie all'incontro con Andrássy si era trasformata in un'unione più solida e forte. La governante conosceva il dolore, vi aveva costruito attorno la sua stessa esistenza, e quello che provava ora Sissi non la allontanava, al contrario, la spingeva a prendersi cura di lei con una premura del tutto nuova.

Quando vide arrivare il conte, la donna si alzò e gli si parò davanti. «L'imperatrice non riceve», lo apostrofò.

«È già mezzogiorno», obiettò Grünne.

«Non riceve lo stesso.»

«Non si sente bene?» si preoccupò il conte. «Devo mandare a chiamare il medico?»

«No, al contrario. Oggi è riuscita a dormire per la prima volta.»

In quell'istante, la voce dell'imperatrice li raggiunse oltre la porta. «Contessa, fatelo entrare.»

La governante sospirò e spostò la sedia per lasciarlo passare, ma prima di aprire la porta lo fermò, appoggiandogli una mano sul petto. «Niente che turbi il suo stato d'animo», si raccomandò.

Grünne entrò e trovò Sissi sotto le coperte, il viso seminascosto dall'ombra del baldacchino, i capelli disordinati che le ricadevano sulla veste da camera. L'imperatrice stringeva fra le mani il barattolo di vetro che le aveva portato il padre, con la sabbia proveniente dalla riva del lago di Possenhofen. Non le dava la serenità in cui aveva sperato il duca, ma era sufficiente a distrarla, se non altro, a portarla lontano dalla residenza imperiale. Il conte le rese omaggio con un rapido inchino, senza dare mostra di avere notato il suo pallore o le occhiaie profonde.

«Vi sentite meglio, Maestà?»

Sissi si sollevò dai cuscini. «Come mai siete qui, conte Grünne?» chiese con un filo di voce.

Lui estrasse il ciondolo dalla tasca e glielo porse, arrivando subito al motivo della sua visita. «Questo oggetto, l'avete mai visto?»

«Che cos'è?» chiese l'imperatrice, senza capire.

«L'uomo che vi ha aggredito in Ungheria lo portava al collo. Io credo d'averlo già visto prima, su un'altra persona.»

Fu a quel punto che Sissi guardò meglio il ciondolo e comprese la ragione per cui il conte era lì. Nel torpore del sonno e del dolore, il significato di quella notizia la trafisse con una lucidità sorprendente, affilata come una lama.

«Anche voi?» riprese Grünne. «Sospetto che questa persona abbia avuto contatti con l'attentatore. E non posso tacerlo al Kaiser», concluse.

L'imperatrice puntò su di lui gli occhi gonfi e arrossati. «Datemi un giorno», disse infine.

Fra i momenti trascorsi con Gisela, quello del bagno era uno dei preferiti dell'imperatrice. Se ne occupava personalmente ogni volta che le era possibile e nel contatto con la piccola ritrovava la serenità e l'equilibrio di cui aveva bisogno. Sentire la pelle morbida sotto le dita, la risata gorgogliante della figlia quando le faceva il solletico, lo sgocciolare dell'acqua strizzata dalla spugna, le faceva dimenticare per un attimo tutto il resto. Quel pomeriggio però Gisela era più irritabile del solito, forse perché percepiva la tensione della madre, e iniziò presto a gemere e a lamentarsi.

Fanny, che se n'era accorta, si avvicinò sollecita con un asciugamano e lo porse all'imperatrice.

«Ancora un momento, per favore», rispose Sissi in tono brusco e distante. «Sai dov'è la contessa Esterházy?»

«In camera della piccola, devo chiamarla?»

«No, no. Per favore, prepara per la mia toeletta, adesso.» Si voltò e le puntò addosso uno sguardo inespressivo. «Farò visita a mio marito, stasera.»

Fanny la osservò stupita, poi le posò accanto l'asciugamano, si inchinò e uscì.

La contessa Esterházy dormiva profondamente, seduta su una poltroncina con la testa appoggiata sul braccio. Per ogni ora di sonno perduta dall'imperatrice, lei ne aveva perdute almeno il doppio, vegliando poi sul suo riposo. Anche la contessa quindi era sfinita, per quanto non si concedesse un comportamento meno che ineccepibile. Dove non arrivava il sonno, inoltre, arrivava la preoccupazione. Il benessere dell'imperatrice era una sua precisa responsabilità e non c'era niente che sembrasse più irraggiungibile in quei giorni.

La contessa si riscosse, intorpidita, quando sentì i gemiti della piccola Gisela. Aprì gli occhi e si accorse che nella stanza c'era Sissi, con la bambina in braccio. L'imperatrice era ferma davanti alla finestra e guardava fuori, fra le pesanti tende socchiuse.

La governante si affrettò a ricomporsi. Si alzò e si produsse in un inchino. «Maestà.»

«Portate Gisela da mia suocera», ordinò Sissi.

«Da vostra suocera? Volete rinunciare a crescere la bambina?» Lo sguardo della contessa da confuso si fece addolorato.

L'imperatrice non diede segno di averlo notato e le passò la piccola, obbligandola a prenderla in braccio.

«Ma, Altezza, non siete colpevole di quel che è accaduto, anche qui poteva succedere.»

«Non si tratta solo di questo», rispose Sissi e lanciò un'ultima occhiata alla figlia, il viso paffuto incorniciato dalla cuffietta bianca di pizzo. Non si fidava più di se stessa e la consapevolezza che l'amore per Gisela non era abbastanza aveva finito per paralizzarla e per spingerla a mettere in dubbio ogni propria decisione. La scoperta del tradimento di Fanny, poi, era stata il colpo finale alla sua autostima. Non sopportava oltre il modo in cui l'amore e la morte finivano per confondersi nella sua vita e iniziava a pensare che l'unica strada per proteggere la figlia fosse tenerla lontana da sé.

«E di che cosa si tratta, allora?» chiese la contessa.

Sissi non rispose. Si voltò e diede le spalle a entrambe.

Capitolo 46

Franz passava sempre più tempo rinchiuso nel proprio studio e sempre meno a dedicarsi agli affari di Stato. Trascorreva ore da solo fra quelle pareti, i pesanti tendaggi rossi tirati contro la luce del giorno, con una bottiglia di liquore accanto.

Fu così che lo sorprese la madre, senza uniforme, in maniche di camicia, seduto scomposto di fronte alla finestra, la testa reclinata all'indietro sullo schienale. Il bel viso era diventato pallido e affilato, scavato dal dolore. Quando i passi di Sophie risuonarono dietro di lui, Franz non diede segno di essersene accorto.

La madre gli arrivò alle spalle. «Tua moglie ha affidato Gisela alle mie cure. Lo sapevi?»

Il Kaiser non si mosse. «No. Non lo sapevo.»

Nel lungo silenzio che seguì, Sophie vide la carrozzina in un angolo e le strappò un'espressione ferita. Fece per uscire.

«Devo andare in guerra di nuovo», la fermò la voce del figlio. «Napoleone vuole la Lombardia e il Veneto. E che mi assuma tutti i debiti di guerra.»

L'arciduchessa lo fissò a lungo. Per una volta, non vide l'Imperatore d'Austria. Vide solo il figlio, un ragazzo piegato dalla vita e carico di responsabilità e di doveri che non era preparato ad affrontare. «Questa guerra deve terminare», affermò.

Franz non si voltò, ma sulle labbra gli comparve un sorriso sarcastico. «Mi hai sempre detto che un Kaiser non deve mai mostrare debolezza», disse e il tremore quasi impercettibile nella voce rese la sua accusa ancora più dura.

Il set da toeletta d'oro massiccio era stato uno dei regali che l'arciduchessa aveva fatto trovare a Sissi al suo arrivo alla Hofburg, insieme a porcellane, quadri e tappeti pregiati, e mobili che non avrebbero potuto essere più lontani dal gusto della giovane sposa.

Sissi non lo usava quasi mai, ma quella sera fece un'eccezione. Seduta alla toeletta, guardava nello specchio la figura snella di Fanny, in piedi dietro di lei intenta ad acconciarle i capelli. Nella stanza regnava un silenzio carico di tensione, che in un'altra situazione probabilmente avrebbe allarmato la damigella, che conosceva Elisabeth meglio di chiunque altro. Ultimamente però l'imperatrice parlava sempre meno e solo se vi era costretta. I momenti di complicità fra loro due appartenevano a un passato remoto. Era rimasta invece un'amicizia quieta e profonda, fatta di episodi condivisi, di ricordi e di un affetto leale. O almeno così credeva Sissi, prima che il conte Grünne le portasse via anche quello.

Fanny sistemava le ciocche con cura, con gesti abili e attenti, e Sissi non poté fare a meno di notare che era diventata una damigella quasi perfetta. In pochi mesi aveva imparato ciò che ad altre richiedeva una vita di impegno e di sforzi. Sarebbe stato molto più difficile coglierla in fallo, ora, ammesso che qualcuna delle domestiche ci provasse. La vita aveva un tempismo crudele, a volte.

Sissi le lanciò un'occhiata cupa allo specchio, poi, senza una parola di preavviso, allungò il braccio e lasciò scivolare il ciondolo fra le dita, facendolo oscillare per qualche istante prima di appoggiarlo sulla toeletta.

Sul viso di Fanny comparve un'espressione terrorizzata. Si bloccò di colpo, impallidita. Come presa da un'urgenza improvvisa, spostò la mano sul collo e sul viso dell'imperatrice, accarezzandola con una supplica nelle dita. Si chinò verso di lei e la baciò sul viso pallido e altero, solo impercettibilmente turbato. Cercandola in modo sempre più affannoso, le diede un bacio sul collo, poi le prese il mento costringendola a girarsi e continuò a baciarla con insistenza, fra i singhiozzi.

Sissi non si sottrasse, neanche quando le labbra di Fanny arrivarono sulle sue, in un contatto rimandato fin dal primo incontro, nella stanza del bordello, alla luce della candela che scandiva il tempo a disposizione.

Era sempre rimasto fra loro, in qualche modo, quel bacio non dato, e arrivò come un punto alla fine di una frase. Nessuna delle due avrebbe saputo dire, in realtà, se fosse una supplica, una corsa contro il tempo o un pegno a tutto ciò che c'era stato fra loro. Probabilmente tutte e tre le cose insieme. Del resto, era stato il piacere a unirle fin dall'inizio. Il piacere del Kaiser, di cui Sissi aveva voluto indagare i segreti; il piacere della stessa Elisabeth, che Fanny le aveva insegnato a riconoscere e ad ascoltare per riuscire a restare incinta. Non restava che un ultimo piacere.

Fanny si spostò davanti a lei, si inginocchiò, le sollevò l'ampia gonna nera e si infilò fra le sue gambe.

Il volto sofferente dell'imperatrice si dischiuse in un

gemito. Sissi inclinò appena indietro la testa e per un attimo la sofferenza e il piacere furono una cosa sola sul suo viso. Ma fu solo per un istante, poi si ricompose e si alzò, lasciando Fanny a terra in ginocchio.

«Guardie!» chiamò e i passi pesanti risuonarono sul pavimento della stanza.

Capitolo 47

«Più stretto», ordinò Sissi.

La domestica che tirava i lacci dell'abito nero, alle spalle dell'imperatrice, lanciò un'occhiata sperduta alla contessa Esterházy e scosse la testa.

«Più di così non si può, Altezza», intervenne la governante. «Avete perso peso. Dovete mangiare di più.»

Le cameriere uscirono, lasciandole sole, e la contessa si spostò dietro di lei per terminare di sistemarle l'abito. La collana di perle nere che l'imperatrice portava al collo scintillava inquieta sul tessuto scuro, catturando la luce delle candele.

«Forse non sarebbe male se...» iniziò, esitante, «decideste di trascorrere una notte insieme a vostro marito, Altezza.»

Al sentir nominare Franz, gli occhi di Sissi si riempirono di lacrime. L'imperatore continuava a rifiutarsi di rivolgerle la parola e faceva tutto il possibile per evitarla. Ogni giorno la distanza fra loro due si allargava e il buio nel cuore di Sissi la risucchiava un po' più a fondo.

La contessa si accorse del suo turbamento. «Altezza?» la chiamò.

«Che i miei vestiti siano bruciati», rispose l'imperatrice con voce dura.

La governante la guardò, sconvolta. «Come... non vi piacciono più?» domandò. «Avete passato giorni tremendi, ma questa mattina sembravate più allegra.» Le girò attorno, sempre più agitata, e le si parò davanti cercando di dissuaderla. Quando Elisabeth si voltò dall'altra parte, allungò le mani per trattenerla. «Altezza.»

Sissi reagì con uno scatto feroce. «Lasciatemi! Lasciatemi!» urlò con furia, spingendola via. «Lasciatemi!»

La scacciò con violenza, poi si aggrappò alla collana e la strappò, senza rendersi conto di quello che faceva. Al suono delle perle nere che cadevano a terra e rotolavano via sul pavimento lucido, entrambe le donne si bloccarono, come davanti a un annuncio di sventura.

Un attimo dopo, Sissi si portò le mani al ventre e si lasciò cadere all'indietro, fra le braccia della governante.

Quando riaprì gli occhi, Sissi era a letto e indossava la veste da notte. Ancora confusa, si sollevò a sedere e sussultò per lo spavento.

Di fronte a lei, su una poltroncina poco distante, era seduta l'arciduchessa Sophie.

«Come stai, mia cara?» chiese la suocera.

Elisabeth si riprese rapidamente dalla sorpresa, appoggiò le braccia sulle ginocchia, si sporse in avanti e la guardò negli occhi. Non sarebbe riuscita a farla sentire peggio di quanto già si sentisse. «Voglio tornare in Baviera al più presto», disse con decisione.

L'arciduchessa abbassò lo sguardo. Quando tornò a sollevarlo, sul fondo dei suoi occhi c'era un'ombra sofferta. «Non ho nulla da rimproverarti», disse e Sissi non capì se stava parlando a lei o a se stessa, se quel momento di sincerità improvviso era un cedimento o un dono. «Io ho perduto cinque figli. Cinque. E ho pensato ogni volta che sarei morta con loro. Adesso mio figlio vuole andare in guerra di nuovo. Tu sei l'unica che può distoglierlo da questa idea», aggiunse e la supplica implicita in quelle parole colse Elisabeth del tutto alla sprovvista.

Sophie si alzò e si sedette sul letto accanto a lei, prima di proseguire. «In Ungheria sei stata decisiva», riconobbe. «Senza di te sarebbero insorti ancora e avrebbero distrutto l'impero.»

L'arciduchessa fece per accarezzarle il viso, ma Sissi si sottrasse. Quella complicità inattesa era servita solo a mettere a nudo la sua debolezza. «Non ce la faccio», ammise semplicemente.

Sophie le posò una mano sul braccio. «Sai, essere una sovrana non significa non commettere mai un errore», le confidò. «Una sovrana affronta i propri sbagli. Non cerca di fuggire», aggiunse a testa alta, ritrovando la compostezza a cui aveva rinunciato per pochi rari istanti. «Nella mia vita temo d'averne fatti parecchi. Ma averti dato il mio vestito, quel giorno, non lo è stato.»

Dette queste parole si alzò, mentre la luce azzurrina dell'alba rischiarava la stanza.

«Dov'è mio marito adesso?» chiese Sissi.

Sophie si voltò verso di lei. «A Laxenburg. Di' a Franz che Napoleone è pronto a negoziare.»

Capitolo 48

Castello di Laxenburg, nei pressi di Vienna

Sissi cavalcò fino a Laxenburg, sul cavallo bianco che aveva imparato a considerare un compagno fedele. Quando arrivò al castello lo trovò avvolto in una nebbia sottile, che teneva a bada la prima luce del giorno. Nell'aria c'era un silenzio desolato. L'imperatrice avanzò a passo deciso per le stanze vuote, accolta dal saluto sorpreso di pochi domestici.

Giunta alla camera da letto, spalancò la porta ed entrò. Sulle lenzuola era abbandonato il corpo nudo dell'imperatore, accanto a quello di una donna vestita solo di pesanti collane.

«Fuori!» ordinò Sissi. «Fuori!» ripeté con ferocia e la ragazza lasciò la stanza di corsa, senza pronunciare una sola parola.

Arrivata accanto al letto, l'imperatrice fissò il marito. Franz sollevò appena la testa, confuso dall'alcol e dall'oppio, e la lasciò ricadere all'indietro.

Sissi si gettò su di lui, lo scosse con forza e lo costrinse ad alzarsi. «Io sono tua moglie!» esclamò. «Che cos'hai che non va? Nostra figlia è morta e tu non hai di meglio da fare che questo? Tu...»

Non poté terminare la frase. Franz le aveva immobilizzato le mani e la fissava con uno sguardo torbido e pieno di qualcosa di simile all'odio. Farfugliò poche sillabe incomprensibili, poi Sissi riuscì a liberarsi e lo schiaffeggiò con violenza, sbattendolo all'indietro sul letto.

Quando si rialzò a sedere, il viso scavato del Kaiser aveva ritrovato una parvenza di lucidità. Gli occhi arrossati però erano mesti e vuoti.

Sissi si asciugò le lacrime, prese un respiro profondo e si sedette accanto a lui.

«Poni fine a questa guerra», disse senza guardarlo. «Napoleone è pronto ad aprire i negoziati.» Si voltò verso di lui solo per un istante. «Ti darò il mio aiuto», concluse.

Era una promessa di futuro, lo sapevano entrambi. Una promessa di futuro per loro e per l'impero, se non per l'Europa. Potevano ancora essere invincibili, ma dovevano restare insieme. Finché fossero rimasti l'uno al fianco dell'altra, avrebbero trovato il modo di rialzarsi e ricominciare.

Capitolo 49

«Sissi, sei splendida», esclamò il padre, quando la vide entrare nel salottino della Hofburg in cui la stavano aspettando. L'imperatrice indossava un abito nero semplice e rigoroso. I capelli erano raccolti in un'acconciatura severa, ma il viso aveva recuperato un po' di colorito e sulle labbra c'era un accenno di sorriso.

Il duca, Ludovika ed Helene si inchinarono al suo ingresso.

«Ho bisogno di parlarvi», esordì lei, poi guardò la sorella. «Néné, purtroppo questa sarà una conversazione molto riservata, puoi lasciarci?»

La ragazza esitò, tentando di celare la sorpresa, che si rispecchiava anche sul viso imbarazzato dei genitori, ma annuì e uscì di scena. Di nuovo.

«Si tratta forse delle esequie?» chiese Ludovika sottovoce, mentre la figlia maggiore lasciava la stanza.

«No, mamma, si tratta della mia patria», rispose Sissi, seria. «Franz invita Napoleone a discutere un trattato di pace.»

Il duca non poté trattenere un sogghigno soddisfatto. «Napoleone gli farà calare i pantaloni», commentò.

«No, se avrà la Confederazione tedesca dalla sua parte», fu la risposta secca dell'imperatrice.

«Quindi vorresti il mio aiuto?» Il duca Maximilian sospirò. «Non sono che un semplice duca, Sissi.»

«Con amici molto influenti. Non solo in Baviera, ne hai anche ad Hannover, in Prussia, in Sassonia... Papà, sono i francesi che lo hanno provocato», cercò di convincerlo Sissi.

«Lo hanno provocato», ripeté lui, sarcastico.

«Sì, provocato.»

«Sissi, è Franz che ha iniziato la guerra», si animò il padre. Ludovika gli posò una mano sul braccio, invitandolo a trattenersi, ma fu inutile. «E l'ha portata in Lombardia, al di fuori dell'Austria. La Confederazione tedesca non interverrà.»

«Ne va del futuro della mia terra.»

«Già, ma la tua terra è intatta. È la Lombardia la terra occupata.»

Sissi non reagì, rimase impassibile, il mento alto, la posa regale che aveva finito per appartenerle. Si voltò verso la madre. «Mamma? Non dici niente?»

Ludovika la guardò spaesata, senza sapere come rispondere. Non era mai stato quello il suo posto. Quando si trattava di argomenti politici e di strategie diplomatiche, si era sempre limitata a stare al fianco del marito, senza intervenire. Era abituata a tenere per sé le proprie opinioni e a preoccuparsi solo di quello che aveva sempre considerato un suo compito: crescere i figli e pensare al futuro della famiglia.

Anche il duca reagì con fastidio, quando capì di essere

stato lasciato da parte. «Vuoi che me ne vada?» bofonchiò, aspettandosi un no come risposta.

«Te ne sarei grata», gli rispose invece Sissi, con un sorriso pacato.

«Devi comprenderlo», iniziò Ludovika, non appena il marito fu uscito. «La tua preghiera offende tutto quello che per lui è sacro. Mi dispiace, Sissi.»

«Mamma, anche tu hai amicizie influenti», le ricordò la figlia.

Ludovika si agitò. «Ma si tratta di politica e io sono una donna», affermò, sempre più a disagio.

«Anche zia Sophie è una donna. E anch'io.»

La duchessa esitò. Lei e la figlia si fissarono per un lungo istante e in quel silenzio prese forma una consapevolezza nuova. Era bastato dirlo, e crederci, si rese conto Ludovika, per renderlo possibile.

«Non ti posso promettere niente», rispose, «ma vedrò quello che posso fare.»

Quando si chinò per baciare la mano alla figlia, Sissi si sottrasse e la strinse con affetto.

«Grazie, mamma.»

Ludovika la guardò orgogliosa e commossa, con le lacrime agli occhi.

Dopo la conversazione con la madre, Sissi capì che c'era un solo posto in cui aveva bisogno di andare. Scese in giardino e si diresse verso il labirinto. Si era sollevato il vento e le nuvole attraversavano rapide il cielo limpido, rendendo la luce cangiante e irrequieta. Nel parco, le foglie fremevano a ogni folata e riempivano l'aria con il loro fruscio.

Sissi arrivò nel punto che cercava, là dove molti mesi

prima aveva piantato un piccolo albero, per celebrare la nascita della primogenita e augurarle una vita lunga e felice. Era stato lo stesso giorno in cui aveva chiesto a Fanny di trasferirsi alla residenza, segnando senza saperlo il suo destino.

Affondò le mani nella terra attorno al tronco, l'abito nero che le si allargava attorno, il vento che acquistava forza e piegava i rami sottili. Era rimasta sola. Sola con un dolore sordo a riempire il vuoto lasciato dalle persone che amava. Ma avrebbe imparato a conviverci, decise, e sarebbe andata avanti. Così come l'albero non aveva smesso di crescere e si era allungato a cercare la luce, continuando a essere sano e forte, anche lei avrebbe trovato il modo di accettare la vita che le scorreva dentro.

Capitolo 50

CON il velo nero abbassato sul viso a renderla irriconoscibile, seguita dalla scorta delle guardie, Sissi avanzava lenta, richiamando occhiate incuriosite. Costeggiò le mura, svoltò l'angolo e arrivò a un pesante portone di metallo, separato dalla strada da un piccolo ponte levatoio. L'inferriata era aperta e quando l'imperatrice bussò, le comparve davanti un viso truce e corrucciato, segnato da una cicatrice.

Il guardiano, un uomo calvo e corpulento, la squadrò con disprezzo. «Dite pure», brontolò.

«Vorrei entrare», rispose Sissi.

«L'orario delle visite è terminato», la informò brusco l'altro.

Senza scomporsi, l'imperatrice sollevò il velo e mostrò il proprio viso.

L'uomo sgranò gli occhi. «Vostra Maestà», balbettò e spalancò subito la porta.

Sissi entrò e gli passò alcune monete con la mano guantata. «Per il vostro silenzio», disse e lui le accettò con un goffo inchino.

La luce grigia di quella giornata senza sole pareva intorbidirsi nel piccolo cortile della prigione. Un odore acre, del sudore e della paura, ristagnava nell'ombra, fra i segreti delle donne rinchiuse lì dentro. In un angolo, alcune prigioniere si stringevano attorno a una pentola, in attesa di ricevere il cibo.

L'imperatrice aveva mosso solo pochi passi, quando una giovane dai capelli neri e spettinati le si lanciò addosso invocando il suo aiuto, subito trattenuta dalle guardie. Qualche metro più avanti, una vecchia dallo sguardo folle cercò di avvicinarla.

«Bella signora, dateci qualche soldo, non abbiamo niente qui!» la implorò, prima di essere picchiata con violenza, fra i gemiti di dolore e gli sguardi assenti delle altre.

Sissi si fece strada fra loro ed esitò solo quando ebbe attraversato il cortile e si trovò davanti il cappio che oscillava piano.

Poco dopo, scortata dal guardiano, arrivò in una vasta sala dal soffitto a volta, rischiarata dalla luce di poche candele. Di fronte a una finestra, in ginocchio davanti a una croce e in compagnia di una suora, c'era la persona che era andata a cercare.

Il mormorio di una preghiera si allargava piano nella stanza. «*Ave Maria, gratia plena, Dominus tecum, benedicta tu in mulieribus, et benedictus fructus ventris tui, Iesus. Sancta Maria, mater Dei, ora pro nobis peccatoribus, nunc et in hora mortis nostrae. Amen.*»

Sissi fissò i lunghi capelli ramati, illuminati dal chiarore che filtrava attraverso i vetri colorati, e per un attimo si chiese se recarsi lì fosse stata una buona idea. Fanny non era più la ragazza che conosceva, il viso sporco e smagrito, gli occhi spenti, l'atteggiamento umile e prostrato. E se anche fosse rimasto qualcosa di quella ragazza, non poteva essere altro che odio e risentimento nei suoi confronti.

«Perché è legata?» chiese al guardiano, che in tutta risposta indicò il profondo graffio sulla guancia. «Liberatela e lasciateci. Vi chiamerò quando avrò finito», ordinò l'imperatrice.

L'uomo corpulento raggiunse Fanny, la costrinse ad alzarsi sollevandola bruscamente e le liberò le mani, poi uscì, preceduto dalla suora.

Solo a quel punto Sissi sollevò il velo nero che le copriva il viso e si avvicinò lenta e altera.

Fanny non alzò lo sguardo. Spettinata, le mani giunte, teneva gli occhi fissi sul moccolo di cero di fronte a lei, sotto la croce. Sissi non poté fare a meno di pensare che la loro prima conversazione era avvenuta davanti a una candela molto simile. Forse era destino che fosse così anche per l'ultima.

«Portava il tuo amuleto. Perché?» esordì. Fanny non le rispose. Non si voltò neppure. «Ti ho procurato un lavoro onesto a corte. Eri con me alla nascita dei miei figli.»

La ragazza parlò senza guardarla. «Hai disposto di me come meglio ti è piaciuto. Lajos invece mi ha aiutata quando non avevo niente.» Solo a quel punto si decise a fissarla negli occhi, con uno sguardo duro ed esausto. «Che cosa vuoi, ancora?» chiese, alzandosi di scatto.

Sissi sussultò, poi mosse qualche passo verso di lei. «Il nostro legame era falso?» le chiese. «Mi fidavo di te.»

«Non avevo alcuna scelta», rispose Fanny.

«Neanch'io ho scelta, purtroppo.»

Si fissarono negli occhi per qualche istante. Non avevano altro da dirsi. Ciascuna si sarebbe portata dietro le proprie colpe, ma non le accuse o il rancore dell'altra, e questo bastava.

«Posso fare?... C'è qualcosa che?...» chiese Sissi, con le lacrime agli occhi.

Fanny non ebbe dubbi al momento di rispondere. C'era una sola cosa che desiderava, prima di morire. «Mia figlia si chiama Marie», disse. «Vive a Starnberg, da povera gente. Cercala, per favore, e dalle questo.»

Le strinse nel palmo il grosso ciondolo ovale e rimasero per qualche istante a fissarsi, con le mani giunte. Alla ragazza tremava il labbro inferiore, adesso che la fine si avvicinava.

Sissi fece per andarsene. Aveva mosso solo pochi passi, quando Fanny la fermò. «Vorrei che mi accompagnassi», chiese, in una supplica. «Come amica. Non come mia giudice.»

L'imperatrice annuì. Fanny le era rimasta accanto a ogni nascita e anche nella morte, sapeva di doverglielo. Tutto quello che aveva fatto per lei fino a quel momento non era mai stato per pura generosità. Ogni volta che era andata a trovarla, che aveva riso con lei, che l'aveva aiutata, l'aveva fatto anche per se stessa. Vederla morire no, quello l'avrebbe fatto solo per lei.

Da sola, al centro del cortile tetro e silenzioso, la guardò negli occhi un'ultima volta mentre le passavano il cappio attorno al collo e non distolse lo sguardo neanche quando la botola sotto di lei si spalancò, lasciandola appesa a mezz'aria e spezzando a metà il suo respiro finale. Sissi non sussultò, non versò una lacrima, non si lasciò sfuggire un solo gemito inorridito. La fissò con la severità in cui aveva imparato a trasformare il dolore e lasciò che il cuore le si indurisse ancora un po'. Ora sapeva di poterlo sopportare. Era sopravvissuta alla sofferenza più terribile che la vita potesse infliggerle, c'era troppo gelo dentro di lei perché un'altra morte riuscisse a spezzarla.

Quella sera, al momento del bagno, Sissi rimase immersa più del solito nel latte d'asina a cui affidava la bellezza della propria pelle.

«Fate preparare una carrozza per domani mattina», ordinò con voce piatta alla contessa Esterházy, che era lì ad assisterla.

«Per quale destinazione?» chiese la governante.

«Per la Baviera, i miei genitori partono.»

«Sì, Vostra Altezza.»

«Ora lasciatemi sola», concluse e non appena la contessa fu uscita indietreggiando dalla stanza, Sissi scivolò piano nel liquido chiaro e non smise di affondare finché non sentì che il latte l'aveva coperta del tutto, facendola svanire.

L'indomani mattina, nel vasto piazzale della residenza, la carrozza che avrebbe riportato a casa la famiglia dell'imperatrice era ferma in attesa. La prima a farsi avanti per i saluti fu Helene e non c'era traccia di rancore nell'abbraccio che si scambiarono lei e Sissi, sotto lo sguardo dei genitori.

«Sono fiera di te», mormorò Helene, prima di salire in carrozza, ed Elisabeth la guardò con affetto.

L'abbraccio del padre invece fu più teso e imbarazzato. Il duca sapeva di avere deluso la figlia e Sissi non riusciva a perdonargli che, ancora una volta, avesse anteposto i propri principi alla sua felicità. L'affetto sincero che li univa si andava costellando di rimproveri e sensi di colpa, piccole ferite che il tempo avrebbe rimarginato, ma che non sarebbero mai guarite del tutto.

Quando fu la volta della madre, Ludovika fissò la figlia negli occhi con decisione.

«Avevi bisogno del mio aiuto», mormorò la duchessa e le tese una lettera. Sissi la prese stupita e guardò la madre con riconoscenza. «Questa è arrivata stamattina. Fai attenzione», si raccomandò Ludovika, prima di stringerla in un forte abbraccio. «Napoleone è un uomo pericoloso.» Quando si sciolsero, le tracciò una piccola croce sulla fronte. «Che Dio ti protegga, tesoro», disse in un fiato, prima di salire in carrozza e lasciarla da sola nel vasto piazzale della residenza.

Capitolo 51

Castello di Laxenburg, nei pressi di Vienna

Il sole faceva capolino fra le alte cime degli alberi e filtrava attraverso le tende dorate, gettando una luce calda nella carrozza. Il tragitto fino al castello di Laxenburg era breve e Sissi lo affrontò quasi tutto in silenzio. Era consapevole della difficoltà e dell'importanza del compito che la aspettava. La corona che indossava non le era mai sembrata così pesante e così leggera al tempo stesso. E mai come quel mattino aveva avuto la sensazione che le appartenesse e le spettasse di diritto.

Il conte Grünne, seduto di fronte a lei, la osservava in silenzio.

«Maestà, mi dispiace molto per la vostra dama», disse dopo qualche minuto. «Se c'è qualcosa che posso fare per voi, fatemelo sapere.»

«Fanny aveva una figlia», rispose Sissi, senza esitare. «Vorrei che la trovaste.»

«Sarà fatto, Maestà.»

«Avrà una vita migliore di quella di sua madre», commentò l'imperatrice e tornò a guardare la strada polverosa che la portava verso il castello.

* * *

Sissi sapeva già dove dirigersi e non perse tempo. Varcata la soglia di Laxenburg, salì le scale che conducevano al vasto salone in cui sapeva che si sarebbe discusso dell'armistizio. Vestiva sempre il lutto, ma per l'occasione si era concessa un abito meno austero, impreziosito da alcuni ricami geometrici dorati sulla gonna, ripresi dal bordo del colletto e dei polsini.

Oltre la porta chiusa arrivavano voci concitate e prima che i battenti venissero spalancati, l'imperatrice ebbe un attimo di esitazione. Il tono sprezzante e indignato dei francesi e il coro di voci maschili bellicose in sottofondo non lasciavano intravedere molti margini di trattativa.

Sissi prese un respiro profondo ed entrò.

Nella sala calò subito il silenzio. Dalle grandi finestre si riversavano all'interno tante pozze di luce fredda e argentata. Tutti gli occhi degli uomini in piedi attorno al grande tavolo erano fissi su di lei. Sissi sentì il peso della corona sopra la propria testa e seppe che la stava proteggendo come uno scudo, ma che neanche quella sarebbe bastata, fra tante decorazioni appuntate su petti ambiziosi.

Gli sguardi stupiti della delegazione francese si fecero a poco a poco beffardi. A Napoleone sfuggì una risatina. I baffi lunghi e affilati, perfettamente orizzontali, conferivano al suo viso un'aria eternamente scontenta, indurita dall'espressione penetrante negli occhi piccoli e scuri.

Sissi incrociò lo sguardo di Franz quel tanto che bastava per capire che aveva il suo sostegno, per quanto anche lui fosse stato colto alla sprovvista dal suo arrivo.

«Credo che l'imperatrice meriti rispetto», disse il Kaiser in tono fermo e deciso, rivolto a Napoleone.

Quest'ultimo abbassò appena la testa. «Se avessi saputo che in Austria le donne partecipano ai negoziati, non avrei mandato la mia signora dal pedicure», commentò poi, strappando un coro di risatine ai suoi uomini.

«Dunque la vostra consorte è qui», rispose impassibile Sissi, con un sorriso cordiale. «Manderò a chiederle di raggiungerci. Riferite all'imperatrice che sarà la nostra benvenuta.» Diede disposizioni a una cameriera, fra gli sguardi sbalorditi di tutti gli uomini presenti, su entrambi i lati del tavolo. Poi tornò a voltarsi. «Scusate se solo adesso vi accolgo nel mio castello, ho avuto un impedimento. Come procedono i negoziati?»

Per tutta risposta ottenne un nuovo coro di risate, questa volta più sfacciato.

«Maestà, il vostro interesse a terminare questa guerra dovrebbe essere pari al nostro», commentò Sissi, senza perdere un briciolo di compostezza, con un sorriso paziente dipinto sulle labbra.

Napoleone la osservò con sufficienza. «Dite che dovrebbe?»

«Io credo di sì.»

Sissi si voltò verso una cameriera, che si avvicinò e le porse una lettera. Nella sala si sparse un brusio stupito e preoccupato. Nella delegazione austriaca il timore aumentò quando fu evidente che perfino il Kaiser era all'oscuro di quella svolta imprevista. Sissi prese il foglio sigillato dalla ceralacca rossa e la tese a uno dei generali francesi, che a sua volta la passò a Napoleone.

«E questo che cos'è?» chiese l'imperatore della Francia, senza preoccuparsi di aprirlo.

«Quello è un dispaccio da Francoforte sul Meno, della Confederazione tedesca», rispose Sissi. «Nel caso non voleste porre fine alla guerra, dieci corpi d'armata, da Prussia, Baviera, Sassonia, Wittenberg, Hannover e Assia, marceranno con l'Austria contro di voi.» L'espressione di Napoleone perse ogni traccia di tracotanza e si fece prima allarmata e poi furente, mentre si degnava infine di aprire nervosamente il foglio e leggerlo, per poi accartocciarlo e gettarlo a terra.

L'atmosfera nel salone era completamente cambiata e la tensione era diventata palpabile e carica di conseguenze.

Napoleone guardò Sissi con odio. «Se è una grande guerra quella che volete», sibilò, in un tono improvvisamente calmo e pericoloso, «la otterrete certamente.»

Quindi si voltò verso il Kaiser e per qualche istante i due imperatori si fronteggiarono, sfidandosi con lo sguardo.

Poi la porta si aprì.

Nel salone entrò una donna bellissima e molto elegante, in un abito chiaro intessuto d'oro, sotto la fascia bianca e azzurra. I lunghi capelli castani incorniciavano un viso morbido e delicato. Entrò con uno sguardo spaesato e un sorriso indeciso sulle labbra.

«Eugénie de Montijo. Imperatrice di Francia», annunciò il cerimoniere.

Sissi la accolse con un inchino e un sorriso caloroso. «Altezza, benvenuta al castello di Laxenburg.»

«Vi ringrazio, Altezza, ne sono onorata», rispose l'imperatrice francese, «ma vi prego, continuate, non volevo interrompervi.»

«Grazie», rispose Sissi. «Stavamo parlando degli orrori della guerra.»

«Ah, sì?» chiese Eugénie e lanciò un'occhiata stupita al marito.

«E del dolore di perdere i propri cari», rincarò il Kaiser.

«Dunque ci stiamo impegnando affinché alle madri e ai padri dei nostri soldati questo dolore sia risparmiato», concluse Sissi.

Il sorriso che Eugénie lanciò al marito era talmente colmo di ammirazione e riconoscenza, che perfino lo sguardo duro e orgoglioso dell'imperatore dei francesi si intenerì. Dopo un attimo di esitazione, Napoleone non poté che annuire. Un gesto quasi impercettibile, che bastò a salvare molte vite e a riportare la possibilità di un accordo sul tavolo delle trattative.

Sissi però non se ne accorse, perché i suoi occhi erano tutti per Franz. Ancora una volta ce l'avevano fatta. Insieme.

Capitolo 52

SOLO nel suo studio, Franz alzò gli occhi stupito quando la porta si aprì. Sissi entrò con la piccola Gisela in braccio e un mazzo di fiori bianchi e celesti fra le dita. Dietro di loro c'era una cameriera.

Elisabeth notò subito il turbamento negli occhi del marito, il modo in cui il dolore continuava a intorbidirgli lo sguardo. La vittoria al tavolo delle trattative li aveva riavvicinati, ma non abbastanza. Franz era ancora dall'altra parte dell'abisso, intrappolato dal richiamo del vuoto che lo teneva fermo sul bordo. Per questo era entrata con la piccola. Se quel mazzetto di fiori era un'offerta di pace, doveva essere Gisela a invitare il padre al futuro.

«Papà ne sarà molto felice», mormorò alla figlia con un sorriso, i nasi che quasi si sfioravano. «Vuoi darlo tu a papà?»

Quando furono abbastanza vicine, Franz lo prese dalle mani della moglie. «Grazie, Gisela», sussurrò con voce sofferta.

«Ecco, brava. Hai visto che è contento? Bravissima.»

Sissi si voltò verso la cameriera. «Portatela alla contessa Esterházy, per favore», disse, mentre le tendeva la bambina.

Non appena furono rimasti soli, la tensione nella stanza aumentò. Il sorriso dell'imperatrice si oscurò appena. Tornò verso il marito e lo fissò a lungo, nonostante lui evitasse di incrociare il suo sguardo. Poi gli prese la mano e la strinse con decisione, senza smettere di fissarlo. In sottofondo, l'avanzare secco e deciso della lancetta di un orologio scandiva i secondi.

«L'amore profondo ci rende vulnerabili», mormorò Sissi, dopo qualche istante di silenzio.

Franz si voltò di scatto e, quando lei cercò di fermarlo, posandogli una mano sul braccio, la respinse con durezza.

«Io ti amo», disse Sissi, in tono supplichevole.

L'imperatore allargò le braccia e le lasciò cadere, in un gesto esausto. «Che cosa vuoi?»

«Io ti amo», ripeté Sissi e gli prese il viso fra le mani.

Lui se le tolse di dosso con un gesto brusco. «Smettila», disse e fece per voltarsi.

Sissi però non glielo permise. «Io ti amo», ripeté e ancora una volta cercò di accarezzarlo e di nuovo lui glielo impedì, con più decisione, questa volta.

«Smettila!» ordinò Franz e si allontanò da lei. «Smettila subito, basta!» urlò infine, quando lei insistette.

Sissi abbassò le mani.

Per qualche istante si fissarono in silenzio, ai due lati di quel vuoto che si era portato via la loro primogenita. Franz non sarebbe mai riuscito a spiegarle che non poteva fare posto alla debolezza nel suo spirito, perché era sempre stato schivandola che era riuscito a sopravvivere. Non poteva permettere al loro amore di convivere con la fragilità, perché non aveva mai conosciuto un sentimento che non fosse forte e agguerrito. Dall'altra parte di quel vuoto, Sissi si era giocata l'ultima carta che le era rimasta, il proprio amore, e aveva paura di vederlo precipitare giù insieme a tutto il resto.

Aspettò che lo sguardo del marito si fosse placato e tornò a tendere la mano verso di lui. Gli sfiorò appena il collo sopra il colletto dell'uniforme, in una carezza esitante.

«Io ti amo», mormorò di nuovo, supplicandolo con lo sguardo. E quando vide che gli occhi di Franz si riempivano di lacrime, gli prese il volto con entrambe le mani. «Io ti amo. Io ti amo», ripeté, senza lasciarlo andare. E continuò a ripeterlo, avvicinandolo a sé, anche quando le guance dell'imperatore si rigarono di lacrime. E quando il volto di Franz si contorse in un'espressione di dolore puro, quando si fidò abbastanza di lei da abbracciare la paura, Sissi chiuse gli occhi e sospirò. Lo baciò sulla fronte e lasciò che posasse il viso sulla propria spalla. Scosso dai singhiozzi, l'imperatore si arrese alle emozioni e in quella resa trovò la vittoria sul nemico più difficile che gli fosse mai capitato di affrontare: se stesso.

Epilogo

Heiligenkreuz, nella selva viennese

Sissi arrivò da sola a cavallo nel borgo di Heiligenkreuz, poche case dalle pareti chiare aggrappate alla riva di un piccolo lago. Il conte Grünne era già lì che la aspettava, fermo accanto a una carrozza.

Elisabeth smontò da cavallo e lo raggiunse, fra le pareti intiepidite dai raggi di sole e punteggiate dai colori vivaci dei fiori sotto le finestre.

Senza una parola, il conte aprì lo sportello e una bambina dai lunghi capelli ramati scese impacciata, le lanciò un'occhiata timida e abbassò subito la testa.

L'imperatrice la guardò. La somiglianza con Fanny era talmente evidente da rendere quasi doloroso osservarla.

«Come ti chiami?» le chiese.

La bambina alzò gli occhi solo per un istante, prima di tornare a incollarli all'acciottolato. A Sissi però era bastato per cogliere il lampo fiero nello sguardo, lo stesso che aveva visto tante volte in quello della madre.

«Marie ama i cavalli», intervenne Grünne. «Me l'ha raccontato durante il viaggio.»

«Sai cavalcare?» chiese Sissi.

Marie scosse la testa.

«Te lo insegnerò presto», le promise l'imperatrice. «La cameriera ti mostrerà la tua nuova casa.»

La bambina si voltò e tornò verso la carrozza. Stava per salire, quando si voltò di scatto e lasciò andare la mano della cameriera, che aveva afferrato un attimo prima. «Tu eri amica di mia madre?» chiese e la fissò, in attesa.

Sissi per un attimo fu di nuovo in una stanza buia e disordinata, rischiarata dalla luce di una candela destinata a spegnersi troppo presto.

«Sì», rispose.

Un attimo dopo Grünne chiudeva lo sportello e la carrozza lasciava il borgo, sotto lo sguardo attento dell'Imperatrice d'Austria. Sissi non avrebbe saputo dire se si trattava di un inizio o di una fine, ma forse era proprio quello lo scopo, confondere i contorni del passato e del futuro con una promessa mantenuta, per sperare di ingannare il destino.

Io sono chi son io e resto a modo mio...

La voce roca e malinconica di Fanny si mescolò all'eco degli zoccoli che si allontanavano lungo la strada.

Finito di stampare presso Grafica Veneta S.p.A.
Via Malcanton, 2 – Trebaseleghe (PD)
Printed in Italy